El Secreto de los Nuevos Ricos

Descubre cómo piensan las mentes millonarias del nuevo siglo

Josué Rodríguez

ÍNDICE

"Yo soy sólo uno, pero todavía soy uno. No puedo hacer todo, pero aún puedo hacer algo; y porque no puedo hacerlo todo, no me negaré a hacer ese algo que sí puedo hacer."

Edward Everett Hale (1822 – 1909).
Autor e historiador norteamericano.

Prólogo

"Muchos hablan sinceramente cuando dicen que desprecian las riquezas,
pero se refieren a las riquezas que poseen los demás."
Charles Caleb Colton (1780-1832). Poeta inglés.

La mayoría de la población tiene una relación de amor/odio con las riquezas. Resienten a aquellos que las poseen, pero pasan todas sus vidas tratando de conseguirlas para sí mismos.

La razón por la cual la mayoría de los individuos nunca acumula ahorros sustanciales es porque no comprenden la naturaleza del dinero o de cómo funciona. Hoy en día hay muchísimas personas que están esperando a que los sistemas políticos y financieros del mundo cambien para bien. Para mí eso es una pérdida de tiempo. Una actitud que creo que trae muchas recompensas es cambiarme a mí mismo en lugar de esperar a que nuestros líderes políticos cambien los sistemas financieros.

Hoy en día existen personas jóvenes que ya son ricas y han

prosperado con éxito. En este libro descubrirás cómo piensan aquellos que han logrado enormes fortunas y cuáles son las reglas del juego en esta nueva economía.

Este libro tiene el propósito de desafiarte a ir por más. La realidad indica que muchos métodos económicos probados hace décadas atrás están fallando. Si es así, entonces ¿qué daño puede traer un poco de simple experimentación y el aventurarse fuera de las normas impuestas por la sociedad de hoy en día?

Estamos en días de grandes cambios económicos para el mundo tal cual lo conocemos, así que si experimentamos un poco y aceptamos el desafío de salir fuera de nuestros conceptos preconcebidos, ¿qué es lo peor que puede pasar?

Al escribir este libro quiero animarte a que salgas fuera de tu zona de comodidad para que puedas apreciar todas las oportunidades que día a día se presentan.

Creo firmemente que cada uno de nosotros podemos diseñar el estilo de vida que deseamos. No necesitas renunciar inmediatamente a tu trabajo ni tampoco ser una persona que toma riesgos todos los días. Si te preocupa tu edad, déjame decirte que para convertirte en una persona que crea riquezas tampoco es fundamental que tengas veinte años. No necesitas nacer rico ni tampoco ser un graduado de esta o aquella prestigiosa universidad.

Lo que sí necesitas es un deseo ardiente de desearlo con todo tu corazón y tener una actitud positiva para conseguir entender los diferentes conceptos que veremos a continuación.

El objetivo principal de este libro es ayudarte a que puedas conseguir libertad de tiempo para que puedas usarlo como tú quieras.

Como lo explica Tim Ferris en su libro "La semana laboral de cuatro horas" (The four-hour workweek, Crown Publishing, 2009), los nuevos ricos son aquellos que abandonan el estilo convencional de vida para crear estilos de vida lujosos en el presente y usando la moneda de los nuevos ricos: tiempo y movilidad. Esto, dice Ferris, es un arte y una ciencia, a la que él llama "Diseño de estilo de vida."

El común de la gente piensa que quiere un millón de dólares para verse como esos artistas que admiran en la televisión. La realidad es que la gente no desea ser millonaria, sino que simplemente anhela experimentar lo que ellos piensan que sólo los millones pueden comprar. Hablamos de grandes yates, viajes exóticos, mayordomos, aviones de lujo y demás.

Pero hago la pregunta, ¿se podrá alcanzar ese estilo de vida que llevan los millonarios sin realmente tener millones de dólares en el banco? En este libro lo descubrirás.

1

Grandes diferencias

"El que no considera lo que tiene como la riqueza más grande, es desdichado, aunque sea dueño del mundo."
Epicuro de Samos (341 AC-270 AC). Filósofo griego.

Una característica principal de los nuevos ricos es que viven su vida ahora. El sistema financiero de hoy en día te dice básicamente lo siguiente: trabaja hasta tus 60 años y luego vive tu vida (viajes, ahorros, etc.)

Los nuevos ricos no esperan hasta el final para disfrutar la vida. ¿Qué sentido tiene haber trabajado casi toda tu existencia y haber dado tus mejores esfuerzos físicos, mentales y emocionales a otra persona o compañía para luego viajar, comprar cosas y "disfrutar" la vida cuando ya no tienes juventud para hacerlo? ¿Por qué no tomar los 30 años de trabajo que cuesta jubilarse y redistribuirlos a lo largo de nuestra vida en vez de guardarlo todo para el final?

Hoy en día se está levantando una generación de mentes jóvenes que está aprendiendo que la seguridad laboral no garantiza la seguridad financiera a largo plazo. Estas personas se están dando cuenta que sin una educación financiera básica, la seguridad económica a largo plazo es casi imposible.

Muchas personas están en su sillón en el living de sus hogares viendo televisión preguntándose: "¿Podrá (Nombre de político de turno aquí) cambiar esta situación?" Y la verdad es que la mayoría de los políticos que asumen el gobierno lo hacen para mantener el sistema, no para cambiarlo. La pregunta correcta debería ser: ¿Cómo puedo cambiar yo mismo mi propia situación? La respuesta a esta pregunta, y el secreto para obtener libertad total de la tiranía de nuestra economía actual es el conocimiento. El conocimiento nos hace libres e independientes. Cuando aprendes sobre el dinero y cómo funciona estás desbloqueando el potencial dentro de ti mismo para escapar de la mentalidad de escasez que te gobierna y poder ver así la abundancia a tu alrededor.

Como dice Robert Kiyosaki en su libro "Rich Dad's Conspiracy of the Rich" (La conspiración de los ricos): "No es la plata, el oro, o los bienes raíces los que te hacen rico, sino es lo que sabes acerca de la plata, el oro, o los bienes raíces lo que te vuelve rico."

La falta de educación financiera en la mayoría de las escuelas del mundo ha dado lugar a millones de personas que están dispuestas a dejar que el gobierno tome más y más control sobre sus vidas. Debido a que no poseen suficiente inteligencia financiera para resolver sus propios problemas financieros, simplemente esperan que el gobierno lo haga por ellos.

En esta era de la información, donde cada día hay cosas nuevas que aprender, la capacidad para seguirle el ritmo a todos los cambios en la información es mucho más importante que lo que uno aprendió ayer.

Los nuevos ricos entienden que la inteligencia financiera no tiene que ver con cuánto dinero uno gana, sino con cuánto pueden conservar, si su dinero está trabajando para ellos y cuánto de ese dinero podrá pasar a las generaciones venideras. En esta era de la información no se necesita dinero para hacer dinero, se necesita conocimiento.

Me gusta mucho la comparación que hace Tim Ferris en el libro que mencioné anteriormente, y me gustaría compartirla contigo. A continuación vamos a ver las diferentes maneras de pensar tanto de los nuevos ricos como de los aplazadores, aquellas personas que trabajan hoy para disfrutar el día de mañana. Esto se aplica tanto a los empleados como a los dueños de negocios y autónomos.

Primero que todo, el aplazador dice "yo trabajo para mí mismo", en cambio los nuevos ricos dicen "yo tengo a otros trabajando para mí".

Los aplazadores se jactan de trabajar cuando ellos quieren, pero los nuevos ricos no hacen trabajo simplemente por trabajar, sino que hacen lo mínimo necesario para lograr el máximo efecto posible.

Los aplazadores desean jubilarse lo antes posible, en cambio los nuevos ricos tienen mini-vacaciones durante todo el año que les permite recuperarse del estrés laboral, reconociendo que la inactividad no es la meta, sino hacer lo que les agrada.

Los aplazadores compran todas las cosas que desean tener. Los nuevos ricos, en cambio, hacen todas las cosas que desean hacer y son aquellas personas que realmente desean ser. Si es necesario comprar herramientas y diferentes dispositivos lo hacen, reconociendo que son medios para lograr un fin.

Los aplazadores tienen muy en claro que desean ser el jefe en lugar del empleado, es decir, anhelan estar a cargo y tomar las riendas. Los nuevos ricos piensan muy diferente: no desean ser ni el jefe ni tampoco el empleado, sino el dueño. Ser el propietario les permite poner gente que se encargue de las cosas, liberándoles de actividades sin importancia y generándoles más tiempo para disponerlo como ellos quieran.

Lo único que quieren hacen los aplazadores en cuanto al dinero es ganar muchísimo, en cambio los nuevos ricos desean más calidad y menos desorden. Prefieren que sus vidas tengan un propósito claro y definido y contribuyen haciendo cosas útiles para la humanidad.

Los aplazadores viven esperanzados en aquel día cuando ganen mucho dinero u obtengan algún beneficio inmediato, como por ejemplo hacer un negocio, ganar la lotería, jubilarse, cobrar alguna herencia, etc. Los nuevos ricos piensan en grande y se aseguran que los días de pago sean todos los días de la semana. Primero se aseguran un flujo de efectivo diario, y luego piensan en algún logro con beneficios inmediatos.

Los aplazadores quieren libertad para no hacer aquello que les disgusta. Los nuevos ricos también, pero esa libertad la usan para perseguir sus sueños y alcanzar sus metas sin volver a trabajar por el solo hecho de tener que hacerlo. El propósito no es simplemente eliminar lo malo, sino hacer un autoexamen para redescubrir lo que más les gusta y redefinir las metas a alcanzar. El dinero simplemente incrementa su valor si tienes en cuenta lo que estás haciendo, cuándo lo haces, dónde lo haces y con quién lo haces.

Los aplazadores fácilmente se hunden en la rutina de los quehaceres diarios y terminan perdiendo su objetivo. Los nuevos ricos, en cambio, se enfocan para ser muy productivos en vez de mantenerse ocupados.

Los aplazadores esperan el momento justo para actuar si es que ven alguna oportunidad. Los nuevos ricos saben que las condiciones nunca son perfectas. Saben que la frase "algún día" puede ser una enfermedad mortal que lleve sus sueños a la tumba, por eso prefieren actuar ahora y corregir el curso a medida que avanzan. Benjamin Disraeli, ex primer ministro británico, dijo una vez: "La acción tal vez no siempre traiga felicidad, pero no hay felicidad sin acción."

Los aplazadores siempre anhelan tener más tiempo libre para simplemente no hacer nada. Los nuevos ricos no están interesados en crear un exceso de tiempo libre, lo cual es vicioso y contraproducente, sino que buscan cómo usar productivamente ese tiempo libre, definiéndolo como "tiempo para hacer lo que quiera en lugar de hacer lo que estoy obligado a hacer."

Los aplazadores piensan que lo opuesto a la felicidad es la tristeza. Así como el opuesto al amor no es el odio sino la indiferencia, lo opuesto a la felicidad no es estar triste, sino estar aburrido. Un sinónimo muy adecuado para la palabra felicidad es entusiasmo, y es precisamente lo que buscan los nuevos ricos. Cuando la mayoría de las personas hoy en día te dicen que sigas tu pasión y lo que te hace brillar, se están refiriendo al mismo concepto: entusiasmo. Los nuevos ricos no preguntan "¿Qué deseo hacer con mi vida?" o "¿Cuáles son mis metas y objetivos?", sino que se preguntan "¿Qué es lo que me entusiasma?"

Los aplazadores piensan de la siguiente manera: "Voy a trabajar hasta que tenga X cantidad de dólares en el banco para luego dedicarme a hacer lo que yo quiera." El problema es que no definen "lo que yo quiera", y esa cantidad X de dólares sigue creciendo (o decayendo) y nunca alcanzan su objetivo. Los nuevos ricos tienen pequeñas pero bien definidas las metas a lo largo del año, lo cual les ayuda a alcanzar objetivos mucho más grandes. Entienden que vivir como millonarios requiere hacer cosas interesantes y no simplemente ser dueños de objetos envidiables.

Los aplazadores hacen lo justo y necesario para llegar a la meta, y se esfuerzan mucho para ganar más dinero. La meta de los nuevos ricos es diferente: reducen el trabajo a medida que ganan más dinero.

Los nuevos ricos conocen la diferencia entre ser efectivos y ser eficientes. Efectividad es hacer las cosas que te acercan más y más a tu objetivo. La eficiencia es realizar cualquier tarea (ya sea importante o no) de la manera más económica posible. Los nuevos ricos entienden que lo que hacen es muchísimo más importante que cómo lo hacen.

Hablando de eficiencia, los nuevos ricos están constantemente poniendo en práctica métodos probados para mejorar la productividad, tanto en su vida laboral como en su vida personal. Por ejemplo, aplican la ley de Pareto, que dice que el 80% de la producción es el resultado del 20% de la inversión, o las 5s del Método Toyota, más conocido como "Lean Management." Con estos métodos los nuevos ricos encuentran aquellas actividades en las que son ineficientes y las eliminan, para luego encontrar aquellas en las que son fuertes y mejorarlas.

Los nuevos ricos eligen muy bien sus amistades. Hay un dicho que dice que nuestros ingresos serán el promedio de nuestros cinco mejores amigos. Si no estás conforme con tus ingresos actuales, tal vez tengas que revisar con qué tipo de personas estás pasando el tiempo. Al rodearte de personas exitosas, puedes estudiar sus hábitos, costumbres y creencias y descubrir así todos sus secretos. W. Clement Stone dijo: "Sé muy cuidadoso con los amigos que elijas, porque te convertirás en uno de ellos."

A continuación, y en los capítulos que siguen, aprenderás más sobre la manera de pensar de los nuevos ricos y todo lo que tiene que ver con la inteligencia financiera, además veremos más consejos sobre cómo generar riquezas en este nueva economía global.

2

Los Ricos no Juegan con Nuestras Reglas

"El que tiene lo bastante para poder hacer bien a otros, ya es rico."
Thomas Browne (1605-1682). Médico y ensayista inglés.

Este capítulo contiene probablemente los mejores consejos para generar dinero con los me he encontrado.

Aquí están algunas ideas que se destacaron en mi mente. Espero que las encuentres tan útiles como lo fueron para mí. Estos conceptos podrían desafiar algunas de tus ideas más arraigadas.

Una Mentalidad Diferente

1. Tener mucho dinero no te hace rico

Ser rico tiene mucho más que ver con tu mentalidad e inteligencia financiera que con cuánto dinero ganas.

Fíjate, por ejemplo, en Richard Branson. El hombre es un billonario, pero si le quitaran todos sus ingresos, aún tendría todo el conocimiento que adquirió con el correr de los años. Si perdiera todo de la noche a la mañana, aun comprendería cómo emprender un negocio, cómo invertir con sabiduría, cómo administrar sus activos, etc. De hecho, si hoy tuviera que comenzar de nuevo, estoy seguro de que tendría muchísimo dinero nuevamente en menos de tres años.

Pero imagínate la situación opuesta: ¿qué sucede con una persona que gana la lotería pero no sabe ser rico? ¿Es de sorprender que una de cada tres personas que ganan la lotería se quede sin dinero en tan sólo cinco años? A pesar de obtener grandes ingresos, estas personas continúan teniendo la mentalidad y la inteligencia financiera de una persona pobre, no pudiendo generar más que pérdidas. Estas personas no saben ser "ricos" porque nunca nadie les enseñó a pensar con una mentalidad de abundancia.

Si comprendes cómo generar dinero, sin importar cuánto dinero tienes actualmente, entonces ya eres rico.

Una persona que gana $100,000 por año y gasta $100,000 por año no es adinerada. Está pensando como alguien que no tiene y quedándose atrapado en lo cotidiano. De hecho, una persona que gana $40,000 por año e invierte $20,000 puede vivir con más abundancia.

2. Cuanto más tiempo puedas mantenerte sin trabajar, más rico eres

Como mencioné en el apartado anterior, los ricos ahorran e invierten parte de sus ingresos. ¿En qué invierten? En flujos de ingresos pasivos que generan intereses sin importar si ellos trabajan o no.

Bien lo dijo Benjamin Franklin (1706-1790), estadista y científico estadounidense: "El camino hacia la riqueza depende fundamentalmente de dos palabras: trabajo y ahorro."

Si no tienes ahorros, no importa cuánto dinero ganas por año; no eres rico. Si renuncias a tu trabajo hoy, ¿por cuánto tiempo podrías mantener tu actual estilo de vida? ¿Un mes? ¿6 meses? ¿12 meses?

Cuánto más tiempo puedas mantenerte sin trabajar, más rico eres. Las personas más ricas son aquellas que tienen libertad financiera. Esto significa que sus flujos de ingresos pasivos son suficientes como para cubrir sus gastos. En consecuencia, podrían continuar viviendo con su nivel de vida actual sin tener que volver a trabajar.

3. La gente rica y la gente pobre se concentran en distintos tipos de ingresos

Según Robert Kiyosaki, autor del éxito editorial "Padre Rico, Padre Pobre", existen 3 tipos de ingresos:

1. Ingresos percibidos mediante trabajo,
2. Dinero proveniente de carteras de acciones, y
3. Dinero proveniente de bienes raíces u otros activos que generan ingresos pasivos.

La gente que pertenece a sectores de clase media y baja se concentran en los ingresos percibidos en concepto de salario. Esto presenta dos problemas.

En primer lugar, solamente eres compensado cuando trabajas. Y hay un número limitado de horas por día, lo cual significa que hay un máximo de dinero que puedes ganar a través de un salario. El segundo problema con los ingresos percibidos en concepto de salario es lo que se llama "impuesto a las ganancias." Dependiendo del país donde vivas y el rubro en el cual trabajas, esto quiere decir que el gobierno descontará en algunos casos hasta el 50% de cada dólar que has ganado. Parte de tus ingresos son descontados directamente de tu sueldo aun antes de que lo recibas, y esto sin tener en cuenta el dinero que también es descontado de otros impuestos.

La gente de clase media y baja se concentra en ingresos percibidos por trabajo personal e intenta acumular dinero trabajando el doble. Por eso es que se pasan día y noche en oficinas y fábricas, haciendo horas extra para conseguir más dinero con el cual pagar cosas que no necesitan.

La gente adinerada, por el contrario, se concentra en los otros dos tipos de ingreso: aquellos derivados de carteras de acciones y rentas procedentes de actividades de carácter pasivo. Éstos no dependen del número de horas diarias trabajadas, por lo cual pueden crecer indefinidamente y también son mucho mejores en términos de impuestos. La tasa impositiva para las ganancias de capital más elevadas es de un 15%, y en bienes raíces, por lo general, es posible no pagar impuestos o diferirlos para siempre.

Lo maravilloso acerca de los ingresos derivados de bienes es que, a diferencia de un trabajo común y corriente, no requieren de tu presencia física. Un empleo significa intercambiar tiempo por dinero con muy poco apalancamiento.

El apalancamiento es definido como la ventaja mecánica o poder que se obtiene mediante el uso de una palanca, es básicamente el poder de la acción. El apalancamiento simplemente combina nuestra fuerza y efectividad. La habilidad de recibir una paga por trabajo que no haces es el resultado del apalancamiento. Éste pone en funcionamiento un efecto multiplicador haciendo que el bien incremente su valor.

Personalmente me gusta cómo Robert Kiyosaki explica este punto, así que lo comparto a continuación:

Uno de los mayores secretos de los nuevos ricos es que se ocupan de su propio negocio. Las dificultades financieras son muy a menudo el resultado de una cosa: la gente pasa su vida entera trabajando para otros, y es por esto que la mayoría de ellos finalizan sus vidas laborales sin tener nada propio.

El sistema de educación actual está enfocado para que la juventud de hoy en día esté preparada para obtener buenos empleos desplegando todas sus habilidades académicas. Las vidas de estos estudiantes girará entonces en torno a un salario fijo. Luego de completar sus estudios, algunos cursarán niveles universitarios superiores, con la idea de incrementar sus capacidades profesionales. Estudiarán arduamente para convertirse en abogados, ingenieros, cocineros, científicos, escritores, oficiales de policía, etcétera. Toda esta capacitación profesional obtenida los habilitará para ingresar finalmente a la fuerza laboral y así trabajar por dinero.

El problema con los planes de educación actuales es que generalmente uno se convierte en lo que ha estudiado, y desgraciadamente convertirse en lo que uno ha estudiado lleva a que la gente se olvide de ocuparse de su propio negocio.

La mayoría de las personas desperdician sus vidas ocupándose del negocio de algún otro, haciendo más rica a esa otra persona.

Para conseguir seguridad financiera, debes ocuparte de tu propio negocio.

La regla número uno que debes conocer sí o sí es familiarizarte con la diferencia entre valores e inversiones, compromisos u obligaciones, e invertir en el primer grupo. Los nuevos ricos se enfocan en la columna de sus inversiones, mientras que el resto de la gente de este mundo lo hace en su declaración de ingresos.

Esta es la verdadera razón por la que tan a menudo escuchamos frases como: "Necesito un aumento urgente", "Ojalá me dieran un ascenso", "Voy a volver a estudiar, conseguiré más preparación y obtendré un mejor empleo", "Esta noche tengo que hacer horas extra", "Tendré que conseguir un segundo trabajo", etc.

En algunos ámbitos estas son ideas más que razonables, y no hay nada de malo con ellas, pero lo que realmente estás diciendo es que no te estás ocupando de tu propio negocio. Esas ideas que acabas de leer están orientadas a la columna de los ingresos, y lo único que harán es ayudarte a sentir seguridad en el aspecto financiero.

La mayoría de los pobres y la clase media son conservadores financieramente hablando, y piensan que no pueden afrontar riesgos. La razón principal de esta manera de pensar es que carecen de una base financiera que les dé la confianza necesaria. Ellos piensan que sí o sí tienen que depender de sus trabajos porque deben jugar sobre seguro, sin arriesgarse a perderlo todo.

Hubo un tiempo en los Estados Unidos cuando la reducción en el tamaño de las empresas se convirtió en una tendencia a lo largo de todo el país. Fue en ese tiempo que millones de trabajadores se dieron cuenta de que su más grande inversión hasta ese momento, su casa, les seguía costando dinero mes tras mes. No sólo eso, sino que el automóvil, otra "inversión", según les dijeron, también les generaba un gasto mensual importante. Los equipos de golf, que habían costado más de mil dólares en su tiempo, ahora estaban archivados en el garaje y ya no valían tanto. Sin la seguridad de un empleo, esas personas no tenían nada en qué respaldarse económicamente, y las cosas que habían considerado como inversiones no podían ayudarles a mantenerse en tiempos de crisis financiera.

Mucha gente se ha visto involucrada en profundos problemas financieros cuando de un momento a otro se encuentran "cortos de efectivo." Es en ese momento que, para aumentar sus ingresos, venden sus "inversiones". Primero que todo, sus adquisiciones personales cuestan tan sólo una fracción del valor expresado en su hoja de balance. Si fuera que se produce alguna ganancia con la venta de dichos activos, éstas se gravan con impuestos sobre dichos montos. De esta manera el gobierno nuevamente cobra su parte de la ganancia, reduciendo así aun más el monto disponible que ayudaría a esa persona a salir de sus deudas.

Por eso es que digo que el "valor neto" de alguien generalmente vale mucho menos de lo que esa persona creía.

Mi consejo siempre será el mismo: Comienza a ocuparte de tu propio negocio. No dejes tu trabajo actual, mantenlo, pero comienza a adquirir inversiones verdaderas, no sólo obligaciones o efectos personales que no tienen valor real una vez que los hayas puesto en tu casa.

Aconsejo para los adultos mantener los gastos bajos, reducir los créditos y construir de manera diligente una sólida plataforma de inversiones.

Para los jóvenes que aún no han dejado el hogar paterno, es muy importante que entiendan la diferencia entre las inversiones y los valores y también los compromisos u obligaciones. Intenten lograr algunas inversiones antes de salir de la casa de sus padres, de esta manera edificarán una sólida columna de inversiones antes de dejar el hogar. El adquirir una casa, tener hijos y comprar todo a crédito dependiendo de un trabajo mal remunerado no es otra cosa que una posición financiera de mucho riesgo. Veo a tantas parejas jóvenes que se casan y a los pocos años ya están atrapadas en un estilo de vida que les impedirá salir de deudas durante la mayor parte de toda su vida laboral.

A continuación enumero las inversiones que sugiero que sus hijos realicen. En el mundo de mis inversiones, las mismas encuadran en diferentes categorías:

1. Negocios que no requieran de mi presencia. Puedo ser el dueño, pero están dirigidos o administrados por terceras personas. Si tengo que trabajar allí, entonces no es un negocio.

2. Acciones.

3. Bonos.

4. Fondos comunes.

5. Propiedades inmobiliarias que generen ingresos.

6. Letras.

7. Regalías por propiedad intelectual, tales como música, escritura, patentes, etc.

8. Cualquier otra cosa que tenga un valor, produzca ingresos, esté en alza o tenga un mercado disponible.

Cuando era más joven mi padre rico me insistió mucho para que solo adquiriera inversiones que amara. Me dijo: "Si no las amas, nunca cuidarás de ellas."

Hoy me encuentro en el negocio de los bienes raíces simplemente porque me encanta todo lo que tenga que ver con los terrenos y las construcciones. Si hay problemas en algún momento, no me parecen tan difíciles de resolver porque me entusiasma mucho estar conectado a algo que amo. Por eso la gente que odia las propiedades y todo lo que tenga que ver con ella no debería adquirirlas.

Otra cosa que me gusta son las acciones de pequeñas empresas, principalmente de aquellas que recién están iniciando. Esto es así porque soy un emprendedor, y no alguien que viene del mundo corporativo. Por eso mis compras de acciones son comúnmente de pequeñas compañías, y en algunas ocasiones se ha dado que yo mismo las comienzo y luego las ofrezco para que coticen en bolsa.

Lo cierto es que se ganan fortunas con las nuevas emisiones de acciones y a mí me encanta ese juego. La mayoría de las personas tienen miedo de las empresas que recién comienzan porque las consideran muy riesgosas, y lo son. Pero el riesgo siempre disminuye si amas, entiendes y conoces el ambiente de tu inversión.

En el caso de las compañías pequeñas, mi estrategia de inversión es vender todas sus acciones en el transcurso de un año.

Por otra parte, cuando se trata de mi estrategia de bienes raíces, procuro siempre empezar con una propiedad pequeña e ir cambiándola por una más grande a medida que pasa el tiempo. De esta manera, en ese proceso se demora el pago del impuesto sobre las ganancias. Esto hace que el valor de la propiedad se incremente de forma extraordinaria. Por lo general retengo la propiedad no más de siete años.

Hace mucho tiempo atrás, mientras mantenía mi trabajo durante el día, también me ocupaba de mi propio negocio. Siempre estaba revisando mi columna de activos. En ese tiempo recuerdo que negocié con propiedades y acciones de pequeñas empresas. Mi padre rico siempre enfatizaba la importancia que tiene el especializarse en finanzas. Él sabía que si me preparaba para entender la contabilidad y la administración del efectivo, estaría mucho mejor preparado para analizar inversiones y, eventualmente, comenzar y luego levantar mi propia empresa.

La verdad es que yo no alentaría a nadie a que inicie una empresa a menos que realmente lo desee con todas sus fuerzas. Hoy en día puedo decirlo porque sé lo que se necesita para llevar adelante una empresa, y no le desearía esa tarea a nadie que realmente no la desee. En la economía de cualquier país hay épocas en las que la gente no puede encontrar trabajo, por eso es que deciden comenzar algo nuevo e inician una empresa como solución a este problema. Pero la dura realidad es que las estadísticas muestran que nueve de cada diez compañías fracasan en tan solo cinco años. De la misma forma, entre las pocas que sobrepasan los primeros cinco años de vida, nueve de cada diez también fracasan eventualmente. Por eso sólo lo recomiendo si realmente tienes el deseo de ser el dueño de tu propia empresa. Si no es así, dedícate a conservar tu trabajo durante el día y ocúpate de tu propio negocio.

Cuando digo "ocúpate de tu propio negocio", me refiero a construir y mantener estable la columna de los activos. Una vez que consigues que un dólar ingrese, procura no dejarlo salir nunca. Déjame graficártelo de esta manera: Una vez que un dólar ingresa a la columna del activo, se convierte en tu empleado. Lo que más me gusta del dinero es que trabaja sin parar las veinticuatro horas del día y puede continuar haciéndolo hasta por generaciones. Conserva tu trabajo, sí, ocúpate de ser un excelente trabajador, pero sigue construyendo, con determinación y paciencia, esa columna de activos.

Cuando el flujo de tu dinero en efectivo crezca, recién allí podrás adquirir algunos lujos. Déjame recordarte algo que me parece muy importante, y es que la gente rica compra los lujos al final, mientras que las demás clases (media y pobre) tienden a hacerlo al principio. Tanto la clase media como la clase pobre frecuentemente compran artículos lujosos tales como grandes casas, joyas, electrodomésticos, diamantes, pieles o yates porque desean parecer ricos. Y algunos hacen un buen trabajo al aparentar serlo, pero en realidad sólo se hunden más en deudas al tomar más crédito del que pueden pagar. La gente que siempre ha tenido dinero, aquellos ricos desde generaciones anteriores, construyen primero la columna de sus inversiones. Posteriormente, con el ingreso proveniente de esa columna, pagan sus lujos y extravagancias. Es muy triste ver cómo las clases media y pobre se dedican a comprar lujos a costa de su propio sudor, sangre, y poniendo en gran riesgo la herencia de sus hijos.

Siempre recuerda que un verdadero lujo es una recompensa que emerge como consecuencia de haber adquirido, desarrollado y perfeccionado una verdadera inversión.

3

Actividades de los nuevos ricos

"Un hombre es rico en proporción a las cosas que puede desechar."
Henry David Thoreau (1817-1862). Escritor, poeta y pensador.

La mayoría de nosotros tratamos de incrementar nuestras riquezas y de acumular dinero. Para hacerlo, necesitas entender cómo administrar el flujo de dinero y las inversiones.

Distintas Estrategias

¿Quién no quiere ser rico? Es natural que el hombre nunca se encuentre completamente satisfecho. Siempre buscamos algo más y algo mejor. Y si has estado buscando artículos sobre cómo hacerte rico en Internet, te darás cuenta de que entre las estrategias más comunes para generar mayores ingresos está la de invertir en bienes raíces, especialmente comprando y vendiendo propiedades.

Para algunos puede parecer sencillo, pero comprar y vender casas requiere mucho planeamiento e investigación – dejando de lado el dinero y la dedicación. Insertarse en el negocio podría ser fácil, pero mantenerse por un tiempo prolongado es mucho más difícil. Debido a esto, es crucial que siempre tomes decisiones informadas. Si tienes planes de insertarte en el negocio, necesitas contar con un planeamiento detallado o si no, es posible que pierdas todo el dinero que arduamente ganaste.

Cuando realizas inversiones en negocios inmobiliarios, es crucial conocer mejor a tus vecinos. Tómate tu tiempo para averiguar valores promedio de las propiedades de la zona. ¿Cuánto tiempo permanece una propiedad en el mercado? ¿Qué demanda el mercado? Antes de tomar una decisión, haz una lista detallada de todo aquello que necesita ser renovado. Consigue presupuestos para cada tarea. Siempre recuerda que todo cuesta más de lo que tú piensas, así que si no quieres terminar por reducir el presupuesto comprometiendo la calidad del trabajo, siempre fija tus presupuestos hacia arriba. Cuando realizas un presupuesto, no sólo tienes que considerar costos de reparación. También debes considerar los costos de mantener la casa – hipotecas, servicios impagos y demás. Como un inversionista inmobiliario, deberías poder comparar los gastos y las ganancias. ¿Cómo se van a comparar tus renovaciones con las de las demás casas en la zona? ¿Es el precio lo suficientemente competitivo en comparación a las propiedades en el área?

Robert Kiyosaki dice que una de las razones por las cuales sus inversiones siguen siendo fuertes es porque él y sus socios compran casas y apartamentos donde hay puestos de trabajo, ya que es en esas zonas donde la gente y el dinero fluyen. Por ejemplo, son dueños de edificios de apartamentos en estados como Texas y Oklahoma, donde hay puestos de trabajo en la industria del petróleo, pero no tienen propiedades en Detroit, donde los trabajos se están acabando y los valores inmobiliarios están cayendo. En términos simples, los bienes raíces no valen mucho si no hay trabajo, porque los empleos atraen a la gente, y donde las personas están fluyendo, el dinero está fluyendo.

Otra condición, menciona Kiyosaki, es que buscamos apartamentos donde hay un límite que no permite el crecimiento de la ciudad. En otras palabras, la ciudad no puede extenderse más lejos, lo que hace que las propiedades sean aun más valoradas, porque no hay tantas. También somos propietarios de propiedades que están bordeadas por un río, una restricción de la naturaleza, que prohíbe un mayor crecimiento.

Hay un medio de comunicación que está explotando y gracias al cual muchas personas ya se han hecho ricas. Internet es una herramienta nueva y la industria en línea recién está demostrando prácticas de mercadeo que funcionan y la venta a través de páginas web es una. Francamente, y esto puede sonar fuerte, la mayoría de las personas que administra negocios en línea tienen sitios muy inadecuados. Muchas personas a cargo de sitios populares no están capitalizando su tráfico web convirtiéndolo en dinero (esto podría ser por elección o por desconocimiento).

Tener un sitio web o cualquier presencia online el día de hoy es considerado como una inversión inmobiliaria virtual. Es decir, somos dueños de una porción del Internet. Al tener una presencia online, la cual atrae visitas, ésta genera una audiencia con la cual nos podemos comunicar, compartir y vender productos y/o servicios.

Generar una ganancia podría ser tan sencillo como mostrar anuncios de Google AdSense en algún sitio popular. ¿no tienes un sitio web y no quieres empezar de cero? Pues cómprate uno.

Hay muchos portales online que se dedican a ser un nexo entre vendedores de sitios web y compradores. Uno de ellos y quizá el más conocido es Flippa.com. Todos los días hay gente que vende sus sitios web y modelos de negocio a futuros compradores. He aprendido muchísimo con tan solo mirar los listados.

Al comprar un sitio web, o al crearlo desde cero, se pueden implementar anuncios de Google Adsense para así generar ganancias. Esta compañía le brinda al dueño del sitio un código, el cual insertado en el sitio web comienza a mostrar anuncios relevantes a la temática de ese sitio y por consiguiente, publicidad de interés para las visitas, las cuales haciendo clic generan un ingreso para el dueño de la página.

Este es el modelo de negocio de la mayoría de portales de contenido en Internet: los anuncios publicitarios.

Quizás un sitio de comercio electrónico podría utilizar técnicas de comercialización a través de motores de búsqueda o una campaña de promoción utilizando AdWords de Google, la cual te permite crear tus propios anuncios. Los mismos aparecen tanto en los resultados de búsqueda de Google como en sitios web anotados a Adsense.

Cuando los usuarios realicen una búsqueda en Google introduciendo una de sus palabras claves (palabras relacionadas a su firma/empresa), tu anuncio puede aparecer del lado derecho de los resultados de la búsqueda. De esta manera, tu publicidad se mostrará únicamente a un público que ya está interesado en tu producto o servicio.

Los usuarios pueden hacer clic en tu anuncio para realizar una compra o para obtener más información sobre tu empresa. Ni siquiera necesitas una página web para empezar. Google puede ayudarte a crear una gratis.

O mejor aún, si ya tienes una sólida presencia online, puedes capitalizar todas las posibilidades de comercialización a tu alcance. Hay empresas que tienen programas de afiliados los cuales te permiten ganar desde 20 a 75% de comisión por cada producto que vendas o referido que les hagas llegar. Una de las más conocidas es Clickbank.com.

Si posees un gran entendimiento sobre la optimización de motores de búsqueda y de la industria en la que trabajas en línea, no deberías tener problema en buscar dentro de los sitios optimizados o en comprar negocios online completamente desarrollados. Agregando contenido, cambiando las etiquetas de título, articulando estructura con el resto de las prácticas de comercialización a través de motores de búsqueda, puedes comenzar a cosechar tus ganancias. Los sitios con tráfico de calidad pero sin técnicas de capitalización son grandes oportunidades para dar un primer paso, publicar un anuncio, usar tus conocimientos sobre optimización AdSense y comenzar a ganar inmediatamente. Otra alternativa es buscar sitios que aumenten tus negocios web y comprar el tráfico adecuado para así "comprar tus clientes".

Lineal vs. Exponencial

Esta es la frase más simple y crucial que escucharás acerca de invertir: hacerse rico es simple. No es fácil, pero sí es simple.

Y esta es la segunda frase más importante que escucharás acerca de invertir: no tienes excusa para no hacerlo.

Sólo tres ingredientes son necesarios: ingresos, disciplina y tiempo. Las probabilidades son que ya tengas 2 de ellos, ingresos y tiempo. Todo lo que tienes que hacer es agregar el tercero: disciplina. Y armado de conocimiento, ese tercer ingrediente clave puede ser mucho más fácil de encontrar. Claro, invertir en la bolsa de valores tiene sus riesgos. Siempre existe la posibilidad de que el mercado no mejorará por los próximos veinte o treinta años y terminarás en el mismo lugar en donde comenzaste.

Piensa por unos momentos cuál será tu jubilación, ya que tu comodidad durante esos años podría depender de tu compromiso con los 3 conceptos mencionados en el párrafo anterior. Para la gran mayoría de nosotros, generar dinero es parte de un proceso lento, constante y activo. La tortuga casi siempre le gana a la liebre, así que asegúrate de tomarte el tiempo necesario para estudiar toda la información que necesites.

Una de las razones por las que los nuevos ricos están haciendo millones y las personas comunes todavía están trabajando por sueldos básicos por hora, es que los primeros entienden que en esta nueva economía la velocidad del dinero es fundamental.

Por ejemplo, un dentista puede atender solo a un paciente por turno. En cambio, el día de hoy un adolescente sin estudios secundarios completos puede poner un negocio virtual desde su casa y vender productos o servicios desde la comodidad de su casa, las 24 horas del día, los 7 días de la semana y los 365 días del año, con sólo conectarse a Internet. El potencial de ganancias del adolescente es mucho más que un salario básico por hora. La diferencia es que el primer tipo de trabajo es físico, y el segundo es virtual. El primero crea ganancias lineales, mientras que el segundo genera riqueza exponencial.

Cuando se trata de transacciones comerciales, la mayoría de la gente todavía opera en la edad de piedra, cobrando por hora, por mes, por servicio o por comisiones sobre las ventas. Los nuevos ricos son emprendedores que entienden cómo el flujo del dinero se ha transformado y aprovechan la tecnología para adaptarse al cambio.

Con respecto a esto, Robert Kiyosaki, en su libro "Rich Dad's Conspiracy of the Rich" (la conspiración de los ricos), dice lo siguiente: "Así como exploradores de la talla de Cristóbal Colón abrieron el mundo a nuevas riquezas, así el Internet está abriendo aun nuevos y más grandes mundos de riqueza a los exploradores de hoy en día. La economía tal como la conocemos desde el año 1954 ha cambiado, y una nueva economía está naciendo. Una economía que será liderada por chicos nacidos desde el año 1990, personas jóvenes que conocen lo invisible y la rapidez con la que funciona la red de redes."

Hace poco leí lo siguiente que me gustaría compartir contigo. Está escrito por Clement W. Stone, quien nació en Chicago, Illinois, el 4 de mayo de 1902. Su padre murió cuando él tenía tan sólo tres años de edad, dejando a su familia entera sumida en profundas deudas. A los seis años ya vendía periódicos en el sur de Chicago, mientras su madre trabajaba como modista. A los 13 años ya era dueño de su propio puesto de periódicos. En 1918 se trasladó a Detroit para vender seguros de accidentes para su madre.

Más tarde Clement abandonó la escuela para vender seguros a tiempo completo. Tiempo después recibió un diploma de la Asociación Cristiana de la Escuela Superior Central de Jóvenes en Chicago.

Mucho de lo que se sabe acerca de Clement Stone viene de su autobiografía: "El sistema del éxito que nunca falla." En ese libro relata su vida en los negocios, la cual se inició con la venta de periódicos en restaurantes de su ciudad. Al principio los gerentes de restaurantes trataron de disuadirlo de esta práctica, pero él les ganó gradualmente debido en parte a su cortesía, el encanto, la persistencia y el hecho de que, en general, los clientes de los restaurantes no se oponían a esta nueva forma de adquirir periódicos mientras disfrutaban su alimento.

Luego de eso se dedicó a la venta de pólizas de seguros con mucho éxito en las oficinas de negocios del centro. Su madre fue la iniciadora de esta nueva etapa, y les fue bastante bien juntos, ella como gerente de la empresa y él como el vendedor. Antes del año 1979 su compañía de seguros excedió los mil millones de dólares en activos.

Stone convirtió 100 dólares en millones, con un fuerte deseo de tener éxito y poniendo en práctica los principios del libro "Piense y hágase rico" de Napoleón Hill. Con este último también escribió el clásico de autoayuda "Hacia el éxito: una actitud mental positiva." Uno de sus grandes logros fue Og Mandino, quien era un alcohólico cuando Stone lo tomó bajo su ala. La relación engendró una nueva vida para Mandino, quien se convirtió en el editor de la revista Éxito en ese momento.

Como mencioné antes, Clement W. Stone escribió el siguiente artículo que leerás a continuación:

Puedes adquirir riqueza aun con un modesto salario

por Clement W. Stone

Es posible adquirir riqueza con un salario modesto. Aun así podrías decir: "Bueno, todo ese rollo de las actitudes mentales positivas y las negativas está muy bien para alguien que desea ganar un millón de dólares. Pero en realidad a mí no me interesa ganar un millón.

Yo solo quiero seguridad. Me contento con mi sueldo al comenzar el mes porque necesito lo suficiente como para vivir bien y poder atender las necesidades que tendré en el futuro algún día cuando me retire.

Yo soy solamente un oficinista. Recibo un salario justo por mi trabajo y nada más."

Permítame responderle:

Tú también puedes adquirir riqueza. Puedes conseguir un patrimonio suficiente como para gozar de la seguridad que necesitas. Te digo más: puedes adquirir tal riqueza lo suficientemente grande como para hacerte rico, a pesar de lo que tú piensas. Deja que la influencia de la actitud mental positiva te afecte favorablemente.

Miles de personas en este mundo se dedican a enseñar cómo se puede hacer, y para ello utilizan distintas herramientas y promocionan diferentes caminos.

Si por alguna razón no estás plenamente convencido, lee el libro "El hombre más rico de Babilonia", y luego da un primer paso hacia adelante. Sigue avanzando sin detenerte y alcanzarás la seguridad económica y la riqueza que tanto buscas. Eso es justamente lo que hizo el señor Osborn.

Este señor era un trabajador y, sin embargo, se hizo rico. Hace poco, cuando se jubiló, dijo lo siguiente: "Ahora voy a emplear el tiempo en dejar que mi dinero me produzca dinero mientras yo hago lo que quiero."

Muchas personas no entienden lo que él dijo, pero el principio utilizado por el señor Osborn es tan cierto que a menudo pasa muy inadvertido para la mayoría de las personas.

Voy a exponer el principio que el señor Osborn aprendió para que tú también puedas experimentarlo en tu vida. Cuando leyó el libro "El hombre más rico de Babilonia", el señor Osborn descubrió que podía obtener riqueza de tres maneras:

1. Ahorrando diez centavos sobre cada dólar ganado,
2. Al invertir los ahorros y los intereses o dividendos de estos ahorros e inversiones cada seis meses, y
3. Solicitar consejo de un experto para saber cuáles son las inversiones más seguras con el fin de no poner en peligro el capital y asegurarlo.

Recuerda que esto es lo que hizo el señor Osborn. Piensa un momento en la primera opción de la lista. Puedes obtener seguridad financiera o riquezas simplemente ahorrando diez centavos de cada dólar que ganes e invirtiéndolos con sabiduría.

Y tal vez me preguntes: "¿Cuándo tengo que empezar?" ¡Hazlo ahora, ya mismo! Comparemos la experiencia que tuvo el señor Osborn con la de un hombre que gozaba de buena salud física, el cual leyó un libro de inspiración. Era de cincuenta años cuando le presentaron a Napoleón Hill.

Estrechándole la mano para saludarlo, el hombre le dijo sonriendo: "Leí su libro 'Piense y hágase rico' hace ya muchos años... pero no soy rico." Napoleón Hill se limitó a reírse y después contestó muy seriamente: "Pero puede usted serlo. Tiene todo el futuro por delante. Solo tiene que disponerse a estar preparado. Y para que esté usted preparado para las oportunidades que se le presentarán, tiene que desarrollar primero una actitud mental positiva."

Lo más curioso de esta historia es que aquel hombre siguió el consejo del autor. Recuerdo que lo encontré cinco años más tarde y aquel hombre no era rico, pero logró desarrollar una actitud mental positiva extraordinaria que ya lo estaba llevando por el camino de la riqueza. Recuerdo que cuando conoció al señor Hill tenía varias deudas sin saldar que sumaban miles de dólares. Cuando me encontré con él, y durante aquel período de cinco años, consiguió saldar por completo todas sus deudas y comenzó a hacer inversiones con el poco dinero que había ahorrado.

Logró desarrollar una actitud mental positiva mientras estudiaba el libro "Piense y hágase rico." No sólo lo leyó entero, sino que aprendió también a explorar y aprovechar los principios en él expuestos.

Su vida había cambiado y ahora era el dueño de su destino.

Supongamos que eres el propietario de una cámara fotográfica profesional, sabes cómo tomar fotografías perfectas en toda clase de circunstancias, pero todos los demás toman fotografías admirables con tu cámara, menos tú, pues las tuyas salen defectuosas.

¿Dónde está la falla?¿Es culpa de la cámara? ¿Será que tal vez no has leído el manual de usuario? ¿O será que acaso has leído las instrucciones pero no te has molestado en comprenderlas? ¿O tal vez sí las has comprendido pero no las has aplicado?

Algo parecido sucede cuando leemos un libro sin la motivación correcta. Puedes leer "La Actitud Mental Positiva: un camino hacia el éxito", un libro capaz de cambiar para bien todo el curso de tu vida, sin tomarte la molestia de comprender y aprender de memoria los factores de automotivación.

Nunca es demasiado tarde para aprender. Si por alguna razón todavía no lo has hecho puedes aprender ahora: no alcanzarás un éxito duradero a menos que conozcas y comprendas las reglas. Aplica una actitud mental positiva a las metas que deseas alcanzar y comenzarás a ver tus sueños hacerse realidad a medida que avanzas con persistencia y dedicación.

4

La diferencia entre invertir y comercializar

"El mundo está lleno de abundancia y oportunidades, pero muchas personas llegan a la fuente de la vida con una cuchara en vez de una pala. Esperan poco, y como resultado reciben poco."
Ben Sweetland, psicólogo y autor estadounidense.

Muchas autoridades financieras están diciendo que es un momento ideal para empezar a invertir, pero cuando comienzas a buscar productos de inversión encuentras que hay una gran variedad entre las ofertas de productos.

Siempre que se produce una crisis financiera, los ricos la aprovechan para hacerse aun más ricos. Aprovecha las crisis para comprar barato, porque en algún momento el mercado se repondrá y podrás obtener ganancias de tus inversiones. Al final de este capítulo veremos una historia que ilustra este concepto.

Comprender la terminología utilizada para los distintos tipos de fondos y productos te ayudará a elegir el mejor para tus necesidades. Dos términos que comúnmente se utilizaron como sinónimos, incorrectamente, son invertir y comercializar. Sin embargo, éstos presentan algunas claras diferencias. ¿Cuáles son estas diferencias? Veámoslas brevemente a continuación.

Invertir

Invertir implica comprar un bien y mantenerlo por un período de tiempo con la expectativa de que éste ganará valor. Muchas personas invierten en bienes raíces. Compran una propiedad, la habitan o la alquilan durante un tiempo, esperando a que ésta adquiera un valor mayor. En el mundo de las finanzas, invertir funciona de la misma manera. El inversor compra un producto financiero, como por ejemplo acciones o fondos, y los guarda por un tiempo con la expectativa de que en ese período su valor aumentará. Un plan de pensión es un ejemplo de inversión.

En términos generales, invertir es colocar dinero en algo esperando obtener una ganancia después de un período de tiempo prolongado.

Quien realiza inversiones generalmente las mantiene por años antes de venderlas para obtener una ganancia. Cuánto más tiempo se retengan las inversiones, mayor será su potencial de beneficio.

Los inversores estudiarán las tasas de crecimiento a largo plazo de las empresas que eligen para realizar sus inversiones. Buscarán fondos o acciones que muestren un crecimiento constante por un período de varios años. Intentarán comprar cuando los precios sean bajos pero se preocuparán por bajas temporarias si el margen de beneficio de la inversión es prometedor.

Comercializar

Comercializar implica utilizar dinero para comprar algo con el objetivo de lograr obtener una ganancia mediante la venta o intercambio del bien por otro. Aunque es similar a invertir en el sentido de que se usan ingresos para comprar un bien de valor proporcional, la diferencia está en que para comercializar un bien éste sólo es retenido por algunos días o semanas antes de la venta. Esto se hace comúnmente con acciones individuales u otros bienes de consumo, no con grandes fondos o activos tangibles como propiedades.

Los comerciantes comprarán activos cuando éstos sufran una caída repentina, y luego los venderán cuando ganen valor nuevamente, obteniendo una ganancia. Los comerciantes no se preocupan por la historia de éxito a largo plazo de la empresa en la que deciden colocar ingresos, sino que le dan más importancia a las tendencias a corto plazo.

La diferencia es el tiempo. Un buen inversor sabe que no se trata de cuánto tiempo puede aferrarse a su inversión, sino de cómo planea incrementar las ganancias que esa inversión puede darle en determinado período de tiempo.

Muchas personas que están involucradas en el comercio lo ven como una inversión. En realidad, hay poca diferencia entre las tareas que demanda. En ambos, los ingresos son utilizados para comprar los activos, y esos activos son vendidos en algún momento con la esperanza de establecer un beneficio. La diferencia está en la cantidad de tiempo que el inversor retiene el activo. Las inversiones son a largo plazo, mientras que el comercio implica una compra temporal.

Esta es, naturalmente, una definición general. Algunos comerciantes decidirán retener un activo por un período más prolongado si pueden sacar provecho y algunos inversores venderán rápido si piensan que es mejor. En general, sin embargo, las metas para inversores son a largo plazo mientras que para los comerciantes son a corto plazo.

Entonces, ¿qué opción es mejor? Ambas opciones tienen sus ventajas pero una de las dos te parecerá más atractiva de acuerdo a cuánta participación quieras tomar en el crecimiento de tus ingresos. La única forma de resolver cuál es mejor para ti es hablar con un profesional financiero y considerar los beneficios posibles contra el nivel de riesgo que puedes asumir.

Los secretos de la mujer más rica del mundo

¿Sabías que hay una estadística que dice que de los casi quinientos multimillonarios que existieron en el mundo, tan sólo el 7 por ciento de ellos fueron mujeres y que de ellas ninguna se hizo rica por sus propios medios?

La mujer que más se acerca ha sido Doris Fisher. Esta señora abrió la primera tienda de The Gap en la ciudad de San Francisco junto a su esposo, allá a fines de la década de los 60. Sin embargo, si hablamos solamente de mujeres, entonces la señora Fisher hizo sus millones junto a su marido, así que se convirtieron en "un equipo de multimillonarios." Otras mujeres multimillonarias que aparecen en el cuadro de las personas más ricas del mundo de la revista Forbes figuran allí porque heredaron sus fortunas o bien heredaron los negocios de sus padres. Por cierto, si estás pensando en millonarias como Oprah Winfrey o Martha Stewart, tienes razón: estas mujeres se hicieron ricas por su propia cuenta, la cosa es que, según la revista Forbes, tendríamos que ensamblar sus fortunas para que solo así éstas superen los mil millones de dólares.

Surge entonces la pregunta, ¿por qué razón no existe en el

mundo alguna mujer que se haya convertido en multimillonaria por sus propios medios? Es sabido que Estados Unidos es conocido como la tierra de oportunidades, y también se han visto mujeres ocupando los máximos cargos empresariales de diferentes corporaciones por largo tiempo. ¿Cuál será el secreto? ¿Puede una mujer puede generar riquezas extraordinarias? Los principios usados para generar esa riqueza, ¿se pueden aplicar en todo el mundo?

Hay una mujer que tenía las respuestas a todas estas interrogantes. Esa mujer se llamaba Hetty Green. Era más conocida como la malvada bruja del oeste de Wall Street.

Nació en 1834 en New Bedford, Massachusetts, hija de Edward Mott Robinson y Abby Robinson, la familia más rica de la ciudad por ese entonces. Su familia estaba conformada por cuáqueros que poseían una gran flota ballenera y que también se beneficiaban del comercio con China. Debido a la influencia de su abuelo y la de su padre, y posiblemente porque su madre estaba constantemente enferma, ella la acompañaba y le leía el periódico todos los días. Lo hizo así durante seis años. Cuando tenía 13, Hetty se convirtió en la contadora de la familia. A la edad de 16 se matriculó en Eliza Wing School, donde permaneció hasta la edad de 19 años.

Su madre, Abby Robinson, murió en 1860, dejando a su hija la suma de 8.000 dólares como herencia (equivalentes a 210.000 dólares en 2015). Poco después de la muerte de su madre, una tía también le dejó a Hetty toda su fortuna: 20.000 dólares (equivalentes a 525.000 en 2015). Su padre, Edward Robinson, murió en el año 1865, dejándole a Hetty aproximadamente 5 millones de dólares (equivalentes a 77.033.000 dólares en 2015), que incluía un fondo fiduciario de 4.000.000 de dólares que atraían aun más ganancias anuales.

Hetty falleció en el año 1916, a la edad de 81 años. Las estimaciones de su valor neto fueron de entre 100 a 200 millones de dólares de aquel tiempo ($ entre 2,170 millones a 4,330 millones de dólares en la actualidad), haciendo de ella sin duda la mujer más rica del mundo en ese momento. Hay quienes dicen que ella pudo convertirse en la mujer más rica del mundo en ese entonces sin la ayuda de nadie. Veremos a continuación cómo convirtió su herencia de miles de dólares en miles de millones.

Esta mujer era muy excéntrica. Posiblemente debido a la dura competencia del ambiente de negocios en su mayoría liderado por hombres, y en parte debido a su vestimenta generalmente inflexible (principalmente debido a la frugalidad, pero tal vez en relación con su educación cuáquera), se le dio el apodo "la bruja de Wall Street", en referencia al gran personaje de la afamada película "El Mago de Oz."

La señora Green recorrió un camino bastante escabroso en su afán de multiplicar su riqueza. Es importante recordar que hablamos de una dama en el Wall Street del siglo diecinueve. Por aquel entonces todas las mujeres tenían escasos derechos y faltaban muchas años para que siquiera ganaran el derecho a votar. Hetty Green solía señalar: "Me gustaría que las mujeres poseyesen más derechos para formar negocios, porque he comprobado que en el ámbito de los negocios los hombres viven aprovechándose de las mujeres de maneras que jamás osarían siquiera en intentarlo con otros hombres. Esto lo he visto principalmente en los tribunales, donde he estado luchando toda mi vida." Aun así ella nunca dejó que el hecho de ser mujer le impidiera hacerse multimillonaria.

Los cuatro principios del éxito de la señora Hetty Green

Existen cuatro principios o "secretos" que acompañaron el éxito de la señora Green y de los cuales se puede aprender bastante.

El primero de ellos era su destacada tacañería. Muchas personas creen erróneamente que todos los multimillonarios disfrutan del buen vivir, tal como lo hace el magnate de los bienes raíces, Donald Trump. La realidad es que la señora Green era mucho más rica en su época de lo que es Trump hoy en día. La diferencia radica en que Hetty Green llevaba un estilo de vida más bien modesto, pues vivía en un departamento del pueblo de Hoboken, New Jersey, para el cual su alquiler le totalizaba unos $14 dólares mensuales.

Se decía que nunca encendía la calefacción y que tampoco usaba agua caliente. Un relato afirma que instruyó a su lavandera para lavar sólo las partes más sucias de sus vestidos (los dobladillos) con el fin de ahorrar dinero en jabón.

Esta señora no poseía residencia fija ni tampoco una oficina. Por más de 25 años se pasó los días sentada en el lujoso piso del Chemical Bank, rodeada de baúles y maletas llenas de papeles. En lugar de usar las mejores telas para vestirse, generalmente se ataviaba de negro y a menudo con ropa usada, de segunda mano. Creo que vivir así no es exactamente la idea que la mayoría de las personas tienen acerca de una persona millonaria, como pueden ser los Trump.

Veamos en qué consiste el segundo principio. Tiene que ver con la estrategia de inversión que tenía esta señora, lo cual no era una novedad en absoluto: se trataba de comprar herramientas de calidad cuando estaban en oferta. Ella decía: "Si crees que existe algún secreto impresionante para crear fortuna entonces estás equivocado, porque lo único que necesitas hacer es comprar barato y vender más caro, vivir con moderación, desarrollar la astucia y ser persistente." También decía lo siguiente: "Cuando veo que algún artículo se abarata porque nadie lo quiere, entonces lo compro en grandes cantidades para guardarlo. Posteriormente, a la hora indicada, me vienen a buscar para pagarme muy buenos precios por las inversiones que hice anteriormente." Uno de los más ricos del mundo, Warren Buffett, no está haciendo nada nuevo, sino lo mismo que la señora Green hacía hace más de un siglo atrás.

Atención con el tercer principio: Hetty Green era extraordinariamente astuta a la hora de reducir sus impuestos. Mucho antes de que en Estados Unidos se creara el impuesto federal a la renta, la señora Green ya tenía habilidad para sacarle el jugo a las leyes tributarias estatales de ese tiempo, y lo hacía con una facilidad sorprendente.

La Ciudad de Nueva York llegó a pedirle préstamos para mantener a flote la ciudad en varias ocasiones, más particularmente durante el Pánico de 1907. Ella les escribió un cheque por valor de 1,1 millones y tomó su pago en bonos de ingresos a corto plazo.

No tenía residencia fija y se pasaba el tiempo viajando entre las ciudades de New York, New Jersey y Vermont. Uno de sus múltiples trucos incluía un acuerdo oculto con el funcionario encargado de controlar los gastos públicos para la ciudad de New York, en el cual la señora Green oficiaba como si fuera el banco de esa ciudad, es decir, compraba la deuda que emitía la ciudad de New York a una tasa de interés inferior a la del mercado. De esta manera le otorgaba créditos blandos a la ciudad toda a cambio de que la oficina tributaria la dejara en paz.

El cuarto principio consistía en tener activos sólidos. Hetty Green pudo comprar ferrocarriles y bienes raíces cuando los vio baratos y rara vez se deshizo de ellos para venderlos. Lo que ella quería no eran mansiones, sino propiedades que le pagaran una renta fija y vías férreas que pasaran por ciudades que estaban experimentando un gran crecimiento, tales como San Luis, Denver y Cincinnati. Con respecto a estas ciudades en plena expansión, una de sus tácticas distintivas era adquirir propiedades ubicadas en las afueras de esas ciudades y luego esperar a que éstas crecieran hasta llegar a los terrenos que ella había comprado. Esta se convirtió en una estrategia de inversión muy confiable, al grado que siempre se utilizó en la historia de los bienes raíces de los Estados Unidos.

Resumiendo en pocas palabras, los principios de Hetty Green, la mujer más rica de la historia, son:

Uno, vivir modestamente.
Dos, invertir en lo que nadie quiere.
Tres, reducir los impuestos y
Cuatro, encaminar la mayoría de los activos hacia inversiones sólidas, que paguen rentas fijas.
Seguro has llegado a este punto y te estás preguntando "¿eso es todo?" Y es que ninguno de los principios utilizados por la señora Green parecen una novedad sobresaliente. Creo que el verdadero "secreto" es que ella puso en práctica los cuatro principios a su máximo nivel, y hasta se podría decir exageradamente.

Al ser una dama de fines del siglo XIX viviendo en Wall Street, tenía un caudal de circunstancias que apuntaban en su contra. Lo que es destacable aquí es que siguiendo estos cuatro secretos muy sencillos, la señora Green se hizo tres veces más rica que Oprah Winfrey.

Hoy en día ni tú ni yo afrontamos los inconvenientes que Hetty Green tuvo que enfrentar en aquellos días tan lejanos. ¿No te parece que podríamos alcanzar su éxito si ponemos en práctica estos cuatro secretos?

5

Reglas para Invertir

"No esperes el momento preciso en el que el mercado esté listo para invertir. Empieza ahora. El mejor momento para sembrar un roble fue hace 20 años. El segundo mejor momento es ahora."
James Stowers (1924 – 2014).
Fundador del Instituto Stowers para la Investigación Médica.

En este capítulo veremos algunos consejos sobre inversiones. Mucha gente te dirá: "Elige tus acciones con cuidado e investiga antes de comprar, pues debes tener en cuenta que el mercado de valores podría colapsar en cualquier momento por varias razones."

Como ya hemos visto, muchas personas piensan que invertir es riesgoso, pero creo firmemente que no es así, lo arriesgado es no tener educación financiera y escuchar malos consejos financieros: eso sí que es riesgoso y te puede costar la vida.

Vimos anteriormente que el dinero fluye gracias al conocimiento, y el conocimiento empieza simplemente con palabras. Las palabras son como el combustible para nuestra mente, ya que pueden moldear nuestra realidad. Usar las palabras incorrectas en nuestro diario vivir es como usar gasolina de mala calidad para nuestro automóvil: con el tiempo se irá desgastando hasta que nos deje varados en algún lugar a medio camino.

Tus palabras deben reflejar actitudes y perspectivas positivas en cuanto al dinero y a la inversión, cualidades que la mayoría de las personas en el mundo no comprenden.

Un resumen de ventas en corto y ventas a largo plazo

Consideraremos unas cuestiones un tanto técnicas, y luego pasaremos a algunos consejos más prácticos. En finanzas, vender en corto (también conocido como vender al descubierto) es la práctica de vender activos, comúnmente títulos de valores que han sido tomados en préstamo de un tercero (generalmente un agente de bolsa) con el propósito de comprar, en una fecha posterior, activos idénticos para devolvérselos al prestador.

Quien realiza ventas en corto desea obtener una ganancia a partir de una baja en el precio de los activos entre el momento de venta y el momento de compra, ya que el vendedor pagará un monto menor por la compra de los activos al que obtuvo por su venta.

En cambio, el vendedor obtendrá una pérdida si el precio de los activos aumenta. Los costos adicionales de vender al descubierto podrían incluir una tasa por el préstamo de los activos y el pago de dividendos sobre los activos en préstamo. Vender en corto o vender al descubierto ambos refieren a la celebración de un contrato derivado u otro tipo de contrato, en el cual el inversor obtiene un beneficio a partir de una baja en el valor de un activo.

Las ventas en corto pueden ser contrastadas con la práctica más usual de vender a largo plazo, en donde un inversor se beneficia de cualquier suba en el precio del activo. En finanzas, una posición larga en relación a títulos de valores, como acciones o bonos, significa que el titular es propietario de los títulos y se beneficiará si su precio sube. Invertir a largo plazo es la práctica más habitual, que contrasta con las ventas en corto o al descubierto.

Una posición larga en un contrato de futuros o en un contrato derivado similar significa que el titular se beneficiará si el precio del contrato de futuros o contrato derivado aumenta. Nota que es crucial considerar el valor de la opción financiera y no el valor del instrumento financiero, ya que el valor de una opción financiera "Put" (garantía de venta de un título a futuro) aumentará si el valor del instrumento financiero disminuye. Esto contrasta con las ventas en corto.

Para beneficiarse de una baja en el precio de valores, un vendedor en corto puede tomar valores en préstamo y venderlos, anticipando que será más barato comprarlos nuevamente en un futuro. Cuando el vendedor decide que es el momento correcto (o cuando el prestador realiza el rescate de valores), el vendedor compra valores equivalentes y los reintegra al prestador. Este método se basa en que los valores (o los activos adicionales vendidos de antemano) son fungibles; el término "préstamo" se refiere a que al tomar $10 en préstamo, el mismo u otro billete puede ser devuelto al prestador asumiendo que el valor del billete sea el mismo que al momento de la ejecución del contrato.

Un vendedor en corto comúnmente toma prestados valores a través de un agente de bolsa, quien generalmente mantiene valores de otro inversor, que tiene posesión de los títulos; el agente no suele comprar los títulos para realizar el préstamo. El prestador no pierde el derecho de vender los valores mientras éstos se encuentran en préstamo dado que el agente de bolsa normalmente mantendrá un fondo común de valores que, al ser fungibles, pueden ser transferidos a cualquier comprador. Prácticamente en todas las condiciones de mercado existe una abundante oferta de valores para ser tomados en préstamo, ya sean mantenidos por fondos de pensiones, fondos comunes de inversión u otros inversores.

La acción de volver a comprar los valores que han sido vendidos se denomina "cobertura corta" o "cubrir una posición corta". Una posición corta puede ser cubierta en cualquier momento previo a que los valores deban ser retornados. Una vez que la posición ha sido cubierta, el vendedor en corto no sufrirá ningún impacto debido a siguientes subas o bajas en el precio de los valores, dado que ya cuenta con los títulos necesarios para devolver al prestador.

En finanzas, un contrato de futuros es un contrato estandarizado entre 2 partes para comprar o vender un determinado bien de calidad y cantidad intercambiable en una fecha futura a un precio establecido hoy (precio de los futuros). Los contratos son intercambiados en un mercado de futuros. Los contratos de futuros no son títulos de valores directos, como lo son las acciones, bonos, derechos o garantías. Éstos constituyen títulos de valores pero son un tipo de contrato derivado. La parte que acuerda comprar el activo en el futuro asume una posición larga, y la parte que acuerda vender el activo toma una posición corta.

El precio es establecido por el equilibrio constante entre las fuerzas de oferta y demanda dado entre las órdenes de compra y de venta existentes en el mercado en el momento de la compra o venta del contrato.

Por ejemplo, en los mercados de bienes tradicionales, los agricultores a menudo venden contratos de futuros para los cultivos y el ganado que producen con el objetivo de garantizarse un determinado precio de venta, y así facilitar la planificación. De la misma forma, los ganaderos frecuentemente compran contratos de futuros para cubrir los costos de alimentación de los animales y así poder planificar sobre un costo fijo.

Julie Stav, experta financiera y autora de unos de los best-sellers del New York Times, nos recuerda cuatro preguntas básicas para tener en cuenta a la hora de invertir.

"El tipo de inversión que usted decida hacer tiene que estar basado en las siguientes cuatro preguntas.

Primero, ¿cuáles son los objetivos de su inversión? Uno de sus objetivos debe ser ahorrar para su jubilación, pero poner todo su dinero para la jubilación debajo del colchón sería muy tonto. Aun si coloca ese dinero en una cuenta de ahorro, ganaría un poco de interés. Para un plan de jubilación a largo plazo, le conviene colocar su dinero donde éste pueda aumentar tanto como sea posible hasta que usted lo necesite. Sin embargo, imagínese que su objetivo es tener un fondo de emergencia para poder seguir pagando las cuentas por unos meses si se accidenta en el trabajo. En ese caso, usted no pondría ese dinero en bienes raíces, porque tal vez no pueda acceder a su dinero con suficiente rapidez. Las inversiones deben ajustarse al fin que quiera darle a su dinero.

Segundo ¿cuándo va a necesitar ese dinero? Si usted recién ha comenzado a trabajar y quiere ahorrar para su jubilación, poner dinero en rentas variables puede ser una buena manera de invertir para su fondo de jubilación. Pero imagínese que está ahorrando para el matrimonio de su hija. Ella acaba de cumplir veintiún años y tiene un novio serio, por lo que probablemente usted va a necesitar ese dinero en dos o tres años. Una inversión fija como un bono, que no le permitirá retirar ese dinero por otros cinco años, no sería adecuada. Tampoco funcionaría poner su dinero en acciones o en un terreno con la esperanza de que el mercado esté alto cuando usted necesite venderlos.

En este caso, la mejor inversión podría ser la cuenta de mercado de dinero que pague más, o un depósito a plazo fijo en un banco que pague un interés específico y que venza (eso quiere decir que usted lo puede convertir en efectivo sin pagar multa) en un año o dos. Al elegir sus inversiones, siempre debe tener muy claro cuándo va necesitar el dinero que está invirtiendo.

Tercero, ¿qué tan cómodo se siente con estas inversiones? ¿Cuánto sabe sobre la inversión que quiere hacer? Muchos clientes me vienen a ver y me dicen, "no tengo ninguna inversión en acciones," y sin embargo, en su plan de jubilación 401(k) (como se le conoce al plan de retiro de los Estados Unidos), tienen acciones de fondos de inversión. Cuando les digo, "algunos de sus fondos de inversión trabajan con diferentes acciones", me miran completamente sorprendidos. También veo esta falta de claridad en clientes que vienen a verme luego de consultar a otros asesores financieros. "El asesor de mi cuñado me dijo que pusiera mi dinero en futuros de oro," me dicen. "Ahora me dice que he perdido 80 por ciento de mi inversión. ¿Cómo pudo haber pasado eso?"

Cuarto, ¿qué riesgo está dispuesto a correr? Toda inversión implica un riesgo. Aun si usted guarda su dinero en el colchón, podría sufrir un incendio o un robo y perderlo todo. Si deposita su dinero en una cuenta de banco garantizada con una buena tasa de interés, el banco también podría cerrar. O las tasas de interés podrían cambiar: cuando la Reserva Federal bajó las tasas de interés once veces en el 2001, el interés que los bancos estaban ofreciendo en cuentas de renta variable bajó hasta un 2 por ciento, casi el mismo que una cuenta de ahorro común ¡y no mucho mejor que poner el dinero en el colchón!

El valor de la inversión también puede cambiar dependiendo de las condiciones del mercado. La gente acostumbraba pensar que las acciones de las compañías de gas y electricidad eran una inversión muy segura, pero luego el mercado cambió y las acciones de estas compañías perdieron buena parte de su valor.

No importa cómo invierta su dinero, en efectivo, en inversiones fijas o de renta variable, siempre habrá cierto riesgo. En verdad, el mayor riesgo puede venir de no arriesgarse demasiado, porque de esa manera con seguridad su dinero va a continuar perdiendo valor simplemente a causa de la inflación. La inflación es lo que sube el costo de la vida cada año. Significa que el dinero que usted ahorra para el futuro no comprará tanto cuando ese futuro llegue. Por ejemplo, $100 en el año 2004 compran mucho menos que lo que compraban en 1990. El riesgo es algo que tenemos que entender, aceptar y aprender a manejar.

Hasta podemos aprender a usar el riesgo para nuestro beneficio. Por ejemplo, si usted tiene veinticinco años y está invirtiendo para su jubilación, puede correr un poco más de riesgo porque tiene más tiempo para recuperar cualquier pérdida que pueda sufrir. Pero la mejor manera de disminuir el "riesgo de correr riesgos" es colocar su dinero en diferentes inversiones; en otras palabras, diversificar."

6

Cómo Conseguir Flujo de Efectivo sin Refinanciación

"Son demasiados los que gastan dinero que no han ganado para comprar cosas que no quieren con el fin de impresionar a gente que no les gusta." Will Rogers (1879 – 1935). Humorista, actor y escritor norteamericano.

Es posible generar flujo de efectivo de la nada. Parece mentira, pero es verdad: Existe un sistema capaz de generar flujo de efectivo de la nada misma. Y no tiene que ver con una varita mágica ni con sacar conejos de una galera.

Todo está en el método

Tiene que ver con la utilización correcta del crédito, pero no de la forma que te imaginas.

El punto es que la utilización de crédito es un concepto comúnmente mal interpretado en cuanto a las inversiones en bienes raíces.

Lo que necesitas saber es cómo utilizar el nombre de una nueva compañía para conseguir tarjetas de crédito, líneas de crédito y adelantos de efectivo para tus operaciones de inversión en bienes raíces.

Esto puede hacerse de tal forma que no se mostrará en tu crédito personal si lo haces de la manera correcta.

Todo el dinero que puedes obtener mediante este sistema es, en efecto, invisible. De esta manera, a diferencia de cuando usas tu tarjeta de crédito personal, tu puntaje de crédito nunca desciende si estás utilizando una línea de crédito de negocios.

Una de mis formas favoritas de maximizar el flujo de efectivo es pagando los gastos operativos con líneas de crédito de negocios y con tarjetas de crédito empresariales.

¿Te gustaría saber por qué me gusta esto?

1. No importa cuánto cargues en estas tarjetas empresariales, la deuda no afecta tu puntaje crediticio. Dado que los balances son hechos en el nombre de la compañía y NO en tu nombre personal.

2. Es accesible conseguir dinero a partir de líneas de crédito de negocios, a diferencia de tus gastos de refinanciación. Algunas líneas de crédito de negocios no tienen costo alguno de solicitud y ofrecen costos realmente bajos de utilización, a diferencia de los préstamos con garantía hipotecaria, que pueden costar miles de dólares.

3. Prefiero diferir cualquier gasto hasta que la propiedad haya

sido vendida, aún si tardara cinco años. No necesito pagar refacciones o gastos operativos hasta que haya vendido la propiedad si utilizo crédito empresarial.

4. Todos consiguen mucho más efectivo en las tasas de retorno cuando evitas pagar gastos utilizando líneas de crédito de negocios.

5. En muchos casos, tu hipoteca te obliga a hacer un pago importante todos los meses. Ahora puedes devolver ese flujo de efectivo a tu bolsillo sin necesidad de incurrir en altos costos financieros cada dos años.

6. Y finalmente, porque puedes triplicar tu flujo de efectivo mensualmente, lo cual te permite comprar bienes raíces tres veces más rápido, y retirarte llevando una vida de lujo veinte años antes que el ciudadano promedio... Acabas de financiar un pequeño negocio. ¿Cómo podría no gustarte?

Los bienes raíces pueden proveer a sus dueños un gran valor neto en papel pero sin proveer liquidez. Eso significa que tus ganancias son una ilusión a menos que vendas.

No puedes gastar ingresos que sólo posees en teoría. Debes aumentar tu flujo de efectivo para colocar las ganancias utilizables en tu bolsillo.

Comprendiendo cómo utilizar líneas de crédito empresariales sin garantía y tarjetas de crédito empresariales puedes hacerte rico hoy mismo.

Otro método:

Muchas tarjetas prestan dinero a nuevos clientes con un cero por ciento de interés. Toma prestado este dinero y luego ahórralo con la mayor tasa de interés posible. Ahora estás obteniendo interés a partir de dinero que te han prestado sin cargo alguno. Aunque lucrativo, esta estrategia es complicada y no es apropiada para cualquiera.

Utiliza esta estrategia sólo si no tienes deudas con tarjetas de crédito y si cuentas con un buen puntaje de crédito. Aquellos que ya poseen deudas en plásticos deberían utilizar todo el crédito disponible para reducir el interés de la deuda actual.

Hazlo bien y no tendrás riesgos. Sin embargo, no es recomendable para los olvidadizos, los descuidados o indisciplinados. Esta es la forma más fácil de lograr flujo de efectivo, aunque requiere de disciplina. No es una forma de gastar más – es una receta para generar dinero. Así que no debes gastar de más y nunca debes sobrepasar el límite de crédito.

Obtén una tarjeta con un cero por ciento de interés para compras nuevas. Muchas tarjetas ofrecen a sus nuevos clientes ofertas a corto plazo al cero por ciento en todas sus compras (no confundas esto con cero por ciento de transferencias de saldo, que son para deudas trasferidas).

Una vez aprobada, utiliza la tarjeta para todo lo que compres, remplazando todo gasto que realices con otras tarjetas de crédito, débito, cheque o efectivo – pero nunca para retirar efectivo, ya que te cobrarán interés. Solamente realiza pagos mínimos.

No intentes saldar esta tarjeta, solamente establece el pago mínimo de la deuda por débito directo. Dado que todos los gastos van hacia tu tarjeta, no estás retirando efectivo de tu cuenta, lo cual le permite a tu sueldo acumularse.

Esto significa que la deuda de la tarjeta será equiparada por dinero extra en tu cuenta corriente – la cual puede ser cambiada por una caja de ahorro de altos intereses.

Ahora tienes deudas con la tarjeta y una suma correspondiente en crédito en tu cuenta corriente.

Es tiempo de maximizar tus intereses transfiriendo el dinero hacia la cuenta de ahorros que te permita obtener el mayor interés posible. Siempre fíjate que se trate de un producto que te permita obtener acceso al dinero en caso de que debas pagar el saldo de la tarjeta rápidamente.

Cualquiera que tenga una hipoteca flexible o una hipoteca con compensación en cuenta corriente, en la cual es posible depositar dinero y retirarlo a voluntad, solamente debería colocar todo el efectivo allí. La reducción del interés de la hipoteca supera aún los mejores retornos de interés en efectivo. Cuando el final del período con cero por ciento de interés se acerque, puedes simplemente pagar la deuda con los ahorros y embolsar las ganancias, o transferir la deuda nuevamente utilizando otra transferencia de saldo para continuar ganando interés sobre los ahorros.

Si eliges la opción de transferir la deuda, siempre intenta conseguir la tarjeta con la tasa más baja de transferencia – ocasionalmente existen ofertas de hasta cero por ciento de costo. Revisa las mejores ofertas de trasferencia de saldo.

Además, puedes volver a comenzar con el mismo sistema utilizando otra tarjeta nueva al mismo tiempo; es posible hacer esto con 2, 3 o 4 tarjetas consecutivamente.

Otro tema que tiene que ver tanto con los bancos como con el ahorro: Si para ti la idea del interés compuesto es algo nuevo, así es como funciona: Si inviertes $1,000 con un interés del 10 por ciento, ganarás $100 en intereses y al final del primer año tendrás una inversión total de $ 1,100.

Si dejas tanto tu inversión original como el interés devengado en la cuenta, al año siguiente ganarás 10 por ciento de interés sobre $1,100 lo cual te dará $110 en intereses.

El tercer año ganarás 10 por ciento sobre $1,210, y así sucesivamente, por el tiempo que dejes allí tu dinero. A esta tasa, tu dinero realmente se duplica cada siete años. Así es como eventualmente se convierte en una enorme suma con el correr del tiempo.

Claro está que las buenas noticias son que el tiempo está de tu lado cuando de interés compuesto se trata. Cuanto más pronto empieces, mejor será el resultado.

Considera el siguiente ejemplo. Mary comienza a invertir cuando tiene veinticinco años y deja de invertir a los treinta y cinco. Tom no empieza a invertir sino a los treinta y cinco pero sigue invirtiendo hasta que se jubila a los sesenta y cinco años. Tanto Mary como Tom invirtieron $150 por mes con una tasa de retorno del 8 por ciento anual en interés compuesto.

Sin embargo, lo sorprendente de los resultados es que al jubilarse a la edad de sesenta y cinco años, Mary habrá invertido sólo $18,000 durante diez años y tendrá un total de $283,385 mientras que Tom habrá contribuido la suma de $54,000 durante treinta años y termina con sólo $220,233.

La persona que invirtió por sólo diez años tiene más que la que invirtió durante treinta ¡pero empezó después! Esto nos muestra que cuanto más pronto comiences a ahorrar, más tiempo tendrás para que el interés compuesto produzca su efecto.

¡No me digas que no lo puedes hacer! Casi todos se toman su tiempo para empezar a ahorrar y lo hacen recién cuando tienen algo de dinero sobrante, un margen bastante amplio. Pero las cosas no funcionan así. Hay que empezar a ahorrar e invertir para el futuro ¡desde ya! Cuanto más pronto comiences a invertir, más pronto alcanzarás tu independencia financiera.

Sir John Mark Templeton comenzó trabajando como corredor de bolsa por $150 a la semana. Él y su esposa, Judith Folk, decidieron invertir el 50 por ciento de sus ingresos en la bolsa de valores sin dejar de donar dinero. Eso los dejaba con sólo el 40 por ciento de sus ingresos para vivir. Sin embargo, años después, ¡John Templeton se convirtió en multimillonario!

Durante toda su vida tuvo el siguiente hábito: por cada dólar que gastaba regalaba diez dólares a individuos y organizaciones que apoyaban el crecimiento espiritual.

Es posible hacerlo si pones tu mente y esfuerzo para lograrlo.

7

Flujo de Efectivo vs. Obligaciones

"Si no existiera el invierno, la primavera no sería placentera, y si no pasamos por la adversidad la prosperidad no sería bienvenida."
Anne Bradstreet (1612 – 1672). Poetisa británica.

Una de las cosas más importantes para un negocio pequeño es el flujo constante de efectivo. De hecho, esto es crucial para cualquier negocio, y éste debe moverse con fluidez, desde los ingresos, las cuentas y gastos generales como salarios e incluso insumos, hasta la capacidad de reinvertir en la compañía.

Una de las razones por las cuales los nuevos ricos se hacen más ricos es porque trabajan para conseguir activos cuando la mayoría de las personas trabaja para conseguir obligaciones pensando que son activos.

Los activos depositan dinero en tu cuenta sin que tú tengas que trabajar por ello, en cambio las obligaciones quitan dinero de tu cuenta, aun cuando estás trabajando.

Otra vez veremos algunos conceptos técnicos, para luego pasar a algunos ejemplos y finalmente, un consejo de un experto en la materia.

Mantén la fluidez

El flujo constante de efectivo significa que tu negocio está yendo bien y es fundamental que cuentes con el suficiente capital circulante para asegurar que todos reciban su paga a tiempo... incluyéndote a ti. Cuando estás esperando pago de un cliente tu flujo de efectivo se detiene.

Aquí es cuando, en muchos casos, el factoraje financiero puede salir al rescate – cuando un negocio pasa por períodos en que no puede afrontar todas sus obligaciones ya que se está a la espera del pago de una cuenta, tu flujo de efectivo puede continuar en vez de parar si utilizas alguna estrategia.

Si tienes un pequeño negocio, debes contar con una técnica para mantener tu flujo de efectivo fluido, por ejemplo, el factoraje de créditos por ventas ya realizadas. Esto significa que tomas un activo, tus cuentas a cobrar, y lo vendes a un tercero, llamado empresa de factoraje, quien te pagará por adelantado las facturas a tu nombre. De esta manera, recibes el capital necesario para cubrir tus obligaciones. Esta es una estrategia que puedes utilizar para mantener tu flujo de efectivo en movimiento.

Cualquier persona al frente de un pequeño negocio debe comprender el flujo de efectivo y asegurarse de que sus activos tienen la suficiente liquidez para convertirse en dinero en caso de necesitar cubrir obligaciones financieras. Esto ayudará a mantener tu empresa en el negocio, particularmente durante tiempos difíciles.

Además, de la liquidez de los activos depende la capacidad de un negocio de convertir esos activos en efectivo. Este es un factor fundamental en la práctica de toda pequeña empresa, ya que el capital circulante es realmente crucial en las operaciones comerciales. El capital circulante y la liquidez le permiten a los propietarios de las empresas afrontar sus obligaciones y seguir operando. Un buen flujo de efectivo es vital para la subsistencia de un negocio, ya sea grande o pequeño.

Los activos son la parte que le da valor a la empresa. Éstos pueden ser inventarios de mercaderías, maquinarias, herramientas e incluso la propiedad donde se encuentra la oficina. Lo contrario de un activo es un pasivo. Se trata de una obligación o escape de fondos como ser un préstamo por el cual debes realizar pagos, cuentas, rentas, salarios u otras obligaciones que deben ser pagadas con tus ingresos. Para cubrir el costo de las obligaciones de la empresa es necesario convertir activos en efectivo. La liquidez es la capacidad de convertir un activo en efectivo.

La liquidez, a su vez, representa el grado en el que un activo puede ser intercambiado en una transacción comercial sin perder su valor. El dinero en efectivo probablemente constituye tu activo más líquido, aunque los inventarios de mercaderías también pueden ser convertidos en dinero. Las facturas por cobrar también constituyen activos pero menos líquidos.

Es posible convertir las facturas por cobrar en dinero en efectivo mientras esperas el cobro a través del factoraje de créditos. Una empresa de factoraje considerará el crédito de tu cliente y podrá pagarte la mayoría del valor adeudado en un plazo de 24 a 48 horas. El factoraje financiero es una estrategia de subsistencia empresarial que ha existido por más de 4.000 años.

Si una persona no puede dominar el poder de la autodisciplina, es mejor que no trate de ser rica. Porque mientras en teoría el proceso de generar flujo de efectivo desde la columna de las inversiones es fácil, la fortaleza mental de dirigir ese dinero es difícil. En el mundo consumista de hoy en día es mucho más fácil hacerlo volar a través de la columna de los gastos debido a las tentaciones externas. Dada la falta de fortaleza mental, el dinero fluye por la vía de menor resistencia. Esa es una de las causas más comunes de la pobreza, como así también de las angustias financieras.

Yo doy este ejemplo numérico de inteligencia financiera, que en este caso se trata de la habilidad de dirigir dinero para ganar más dinero.

Si le diéramos diez mil dólares a cien personas a comienzo del año, mi opinión acerca de lo que pasaría al finalizar ese año es la siguiente:

Al 80 % de esas personas no le quedaría nada, ni un centavo. De hecho, muchos habrían generado deudas mucho más grandes, pagando anticipos de automóviles nuevos, refrigeradores gigantes, televisores de última tecnología y viajes exóticos.

El 16 % habría incrementado esos diez mil dólares entre un 5 y un 10%.

Sólo el 4% de esas cien personas habría incrementado el valor original a veinte mil dólares, o quizás logrado millones.

Me encantan mis lujos, igual que a todos. La diferencia es que algunas personas compran esos lujos a crédito. Se quedan atrapados en la opinión del vecindario. Cuando yo deseaba comprarme un Porsche, el camino fácil hubiera sido llamar a mi oficial de cuenta en el banco y solicitar un préstamo. En lugar de enfocarme en la columna de las obligaciones, elegí enfocarme en columna de las inversiones. Y como si fuera un hábito, empleé mi deseo de consumir para inspirar y motivar a mi genio financiero.

Hoy en día, y demasiado a menudo, nos enfocamos en pedir dinero prestado para adquirir las cosas que deseamos en lugar de enfocarnos en generar más dinero. La primera es fácil en el corto plazo, pero con el tiempo se complica. Se trata de un mal hábito que hemos adquirido como individuos, y como nación. Recuerda: el camino fácil a menudo se pone difícil, y el camino difícil muchas veces acaba siendo fácil.

Cuanto más temprano tú y tus seres queridos se puedan entrenar para administrar el dinero con maestría, mucho mejor. El dinero es una fuerza poderosa. Desafortunadamente, la gente utiliza ese poder en su propia contra. Si tu inteligencia financiera es baja, el dinero te pasará por encima, será más inteligente que tú. Y si el dinero es más inteligente que tú, entonces trabajarás para él por el resto de tu vida.

Para ser el amo del dinero, necesitas ser más inteligente que él. Recién entonces el dinero hará lo que le ordenes. Te obedecerá. En lugar de ser el esclavo, pasarás a ser el amo. Eso es inteligencia financiera.

El sabio rey Salomón entendía mucho de finanzas, y se nota cuando decía: "El rico se enseñorea de los pobres, y el que toma prestado es siervo del que presta." Proverbios 22.7 (Reina-Valera 1960)

La inteligencia financiera nos lleva a la independencia financiera. Phil Laut, experto en psicología del dinero, lo dice así:

"Una persona adquiere independencia financiera cuando ya no tiene que hacer aquello que no quiere hacer para conseguir dinero, y también cuando ya no tiene que dejar de hacer lo que le gusta debido a la falta del mismo.

Esta condición de independencia financiera puede también describirse de otra manera: es conseguir que el dinero trabaje para uno en lugar de que uno trabaje para conseguir dinero.

Si logras crear una conciencia de prosperidad, encontrarás el camino para asegurarte el éxito financiero.

La conciencia de prosperidad consiste en la habilidad de poder desenvolverte en el mundo físico sin mayor esfuerzo y apropiadamente, tanto con dinero como sin él. El desarrollo progresivo y constante de la conciencia de prosperidad hará que la independencia financiera sea una posibilidad al alcance de tu mano.

Descubrirás que la conciencia de prosperidad engendra siempre dinero en efectivo, como así también otros beneficios de suma importancia. A lo largo de mis años he notado que las causas reales que tienden a generar problemas con el dinero son las ideas negativas acerca de la supervivencia y la dependencia. Tener conciencia de prosperidad no sólo agiliza y facilita la resolución de todos los problemas financieros, sino que también proporciona seguridad emocional y una profunda sensación de confianza en uno mismo.

¿Estás planeando vivir en una sociedad que utiliza el dinero como medio de intercambio? Entonces te resultará muy conveniente poseer un dominio total sobre él. Tener una clara conciencia de prosperidad quiere decir servirse del dinero en lugar de servir al dinero. Aquellas personas que han logrado una conciencia de prosperidad saben muy bien que el dinero es una de las cosas menos importantes en esta vida. Te animo a que si aún no ejerces un dominio sobre el dinero, busques urgentemente desarrollar esta habilidad, de lo contrario la tendencia en tu vida será una preocupación constante por él, lo que no ayudará en nada a mejorar el flujo de efectivo que manejas día a día."

8

Sé Feliz Durante una Recesión

"La alegría no depende de estímulos externos, sino de la riqueza interior,
que hay que ir cultivando como si fuese un huerto."
Fernando Savater, filósofo y autor español.

Todos reconocemos que la felicidad y la risa son beneficiosas. Hemos escuchado una y mil veces cómo la risa mejora la salud, el bienestar emocional y el mundo entero. Pero, ocasionalmente, el hecho de saber esto no es suficiente para cambiar los hábitos de una persona.

Ya vimos antes que las palabras correctas pueden ser el combustible que necesita nuestro cerebro. En tiempos de recesión o crisis económica, comienza a cambiar las palabras que utilizas todos los días.

No comiences a hablar como la gente a tu alrededor, con palabras que denotan temor y apuntan al fracaso. Mira cualquier problema financiero que estés atravesando como una bendición y no como una maldición, como una oportunidad para salir adelante y no como un obstáculo imposible de salvar.

Alégrate cuando las cosas se ponen difíciles, pues estas adversidades son el punto crucial que hacen la diferencia en la vida de las personas, transformándoles en campeones o en perdedores. En época de problemas y dificultades, piensa que la vida te está entrenando para ser un campeón en esa área.

Recuerda que en cuanto a lo financiero, no se trata mucho de cuánto ganas y cuánto puedes acaparar, sino en qué tipo de persona te conviertes a medida que transitas este camino. Jim Rohn, empresario estadounidense, autor y orador motivacional, dijo: "Trabaja duro en tu trabajo y te ganarás la vida. Trabaja duro en ti mismo, y te ganarás una fortuna."

10 Leyes naturales de la vida

Por Hyrum W. Smith

En este mundo existen patrones fundamentales de la vida como lo son las leyes naturales, tales como la gravedad. Estas leyes describen las cosas como son en realidad y no están sujetas a la opinión de nadie. Estas leyes no están gobernadas por cómo uno piensa que funcionan o por cómo desearía uno que fueran.

Obedecer estos patrones fundamentales de la naturaleza puede ayudarnos a ganar control sobre nuestra vida, mejorar nuestras relaciones, elevar nuestra productividad personal y experimentar paz interior.

Ley 1. Controlas tu vida al controlar el tiempo.

Si eres capaz de controlar tu vida, lograrás también controlar el tiempo, y esto último significa estar en completo control de los eventos que ocurren en tu vida. La pregunta que lo define todo sería: ¿qué eventos puedes controlar?

Ley 2. La base del éxito personal y de la satisfacción son los valores que gobiernan tu vida.
Cada persona es diferente, y por lo tanto, vive de acuerdo a un conjunto único de valores que rigen sus vidas. Estos valores son muy importantes para cada persona, y son generalmente las respuestas a las siguientes preguntas: ¿Cuáles son las prioridades esenciales en mi vida? Y de todas ellas, ¿cuáles tienen mayor valor y significado?

Ley 3. Experimentas paz interna sólo cuando las actividades cotidianas reflejan tus valores rectores.
Hay una gran diferencia entre aquellas personas que encuentran su propósito en la vida y aquellas que no. Las personas que concentras su tiempo y energía en alcanzar metas que tienen verdadero significado en la vida son cada vez más productivos y alcanzan una paz interior admirable.

Ley 4. Si realmente quieres alcanzar cualquier meta significativa, debes salir de tu zona de comodidad.
No lograrás nada mañana si permaneces donde estás el día de hoy, y mucho menos si hoy estás donde estuviste ayer. Muchas veces desarrollamos zonas de comodidad mentales, sociales, emocionales o psicológicas. Es decir, nos acostumbramos a quedarnos en un nivel y no nos aventuramos a ir por más. Salir de la zona de comodidad requiere esfuerzo, compromiso y tenacidad.

Ley 5. Planea diariamente para aprovechar bien el tiempo.
Si puedes apartar sólo diez a quince minutos al día para enfocarte, disfrutarás muchos beneficios a lo largo de la jornada,

tales como tareas definidas con claridad en las fechas límite, aumento del enfoque en las labores más importantes, menos tiempo perdido entre proyectos, y un mayor sentido de logro al finalizar el día.

Ley 6. Tu conducta es un reflejo de tus creencias.

Cuánta gente conozco que dice una cosa pero actúa de otra forma. ¿Conoces a alguien así? Y es que es muy fácil decir las cosas, lo difícil es actuar en correlación con nuestras palabras. Siempre recuerda que tus actos reflejan lo que en realidad crees, y si tu conducta no parece reflejar una creencia afirmada de manera consciente, deberás mirar con atención si tus creencias están comprometidas.

Ley 7. Cuando tus creencias concuerdan con la realidad se satisfacen tus necesidades.

¿Es posible decir que una creencia, opinión o actitud es la correcta? Creo firmemente que si los resultados de tu conducta cumplen con una o más necesidades básicas, tienes allí una creencia correcta. Por el contrario, si los resultados no cumplen con las necesidades, podrás estar bien seguro de que la creencia es errónea.

Ley 8. Si cambias las creencias incorrectas vencerás las conductas negativas.

Las creencias incorrectas siempre producirán conductas negativas que te empujarán a tu propia derrota. Las conductas negativas son muchas veces el resultado de intentar cumplir las necesidades de la vida con creencias inapropiadas o desatinadas.

Ley 9. Tu autoestima debe venir desde adentro.

Si realmente crees que tu valor propio depende de la aprobación de los demás, te diré que es muy posible que te encuentres actuando en sentido contrario a tus valores más profundos. La verdadera autoestima y el auténtico valor de uno mismo sólo se encuentra cuando se vive de acuerdo con los propios valores.

Ley 10. Si das más, obtendrás más.

Las personas que tienen exceso de riqueza, conocimiento, talento, experiencia y capacidad tienen la obligación de compartir esa abundancia con el mundo entero, de manera que hagan una diferencia. La mayoría de los problemas de este mundo se podrían resolver si todos nos condujéramos de ese modo.

Qué hacer en una crisis financiera

Intenta ver el vaso a medio llenar y no medio vacío. Cuando suceden cosas malas, no te concentres tan sólo en lo negativo. ¡Hacer eso te volverá loco! Mira el lado bueno de todo lo que consideras negativo. Concentrarse en lo positivo dentro de lo malo te mantendrá de buen humor ya que estarás viendo las cosas de manera favorable. Pensar en positivo es el punto más importante.

¡Haz ejercicio! Hacer actividad física aumenta tus niveles de endorfina, libera la tensión almacenada y te ayuda a mantenerte en forma, lo cual, a su vez, te ayuda a sentirte mejor. Ejercitar tu cuerpo, mantener una visión positiva y no dejar que los pequeños problemas te amarguen te mantendrá de buen humor y te facilitará generar buenas relaciones con la gente a tu alrededor.

Si te pidiera que describieras cómo luce una persona deprimida, ¿puedes hacerlo? Debería ser fácil. Hombros y postura encorvados, ojos mirando hacia abajo y falta de energía. La anatomía se encuentra equilibrada de este modo. Cuando estás triste, actuarás y te verás de esta forma. Cuando actúes o te veas de esta forma, te sentirás triste. Existe una asociación física y neurológica entre ambos factores.

De la misma manera, existe una asociación entre la felicidad y la risa. Cuando estás feliz, tú mismo te haces reír. Cuando ríes, te estás satisfaciendo a ti mismo.

En un experimento llevado a cabo para examinar los efectos de reír y de sonreír, se le pidió a personas con cuadros depresivos clínicos que sonrieran (sin ninguna razón para hacerlo) por un período de tiempo determinado cada día. El estudio duró algunas semanas. Al finalizar el experimento, todos los sujetos reportaron sentirse mucho más felices de lo que se habían sentido por muchos años a pesar del tratamiento y la medicina.

¿Qué nos dice esto? Nos indica que parte de cuán felices decidimos ser tiene que ver con cuán a menudo decidimos reír.

Se han llevado a cabo variados análisis médicos sobre las ventajas de la risa. De hecho, muchos doctores alrededor del mundo alientan a sus pacientes a alquilar comedias, películas de animación, a escuchar chistes y demás, para ayudar en su recuperación. La risa no es sólo una muestra superficial de felicidad, sino que también hace que sucedan cosas adentro del cuerpo. La risa activa cambios químicos y hormonales positivos en el organismo humano y de esta manera afecta positivamente nuestra salud.

Cuando ríes, lo que estás haciendo es contarte a ti mismo que eres capaz de manejar la situación. Inconscientemente, eso es lo que le estás contando a tu cerebro. Mientras ríes, tu mente piensa "Espera un momento, estoy riendo. Eso quiere decir que puedo controlar esta situación. Supongo que las cosas no están tan mal después de todo."

La risa promueve pensamientos y sentimientos favorables, que a su vez afectan beneficiosamente al cuerpo. Creo firmemente en la frase "Eres lo que piensas". Los pensamientos negativos y una

mala imagen de uno mismo traen malestares y enfermedades mientras que la risa y el pensar positivamente renuevan y sanan el cuerpo.

Hay un texto que encontré el cual me ha ayudado a tener una mejor actitud ante las circunstancias adversas de la vida.

Conquístate a ti mismo

Autor Desconocido

Hoy deseo sugerirte que hagas una experiencia contigo mismo, para beneficio de tu propia vida y de los que te rodean. Se trata de que te decidas a pensar y actuar durante sólo una semana diciendo lo siguiente:

"Hoy seré feliz. Expulsaré de mi espíritu todo pensamiento triste. Me sentiré alegre. No me quejaré de nada. Hoy agradeceré a Dios la alegría y felicidad que me regala. Trataré de ajustarme la vida. Aceptaré el mundo como es y procuraré encajar en este mundo.

Si sucede algo que me desagrada, no me mortificaré ni me lamentaré, más bien agradeceré, de mis impulsos, pues para triunfar debo superarme, debo tener el dominio de mí mismo.

Trabajaré alegremente, con entusiasmo, haré de mi trabajo una diversión. Comprobaré que soy capaz de trabajar con alegría. Resaltaré mis éxitos, grandes o pequeños, y no pensaré en mis fracasos. Seré agradable. No criticaré a nadie. Olvidaré los defectos de los demás y concentraré mi atención en sus virtudes. No envidiaré nada.

Tendré presente que muchos no tienen lo que yo tengo y que el destino feliz pertenece a los que luchan y que el futuro se resolverá, en función de mis actitudes el día de hoy.

No pensaré en el pasado negativo. No guardaré rencor y practicaré el perdón."

Ya sea en crisis o en abundancia, recuerda lo siguiente acerca de la sonrisa:

- No cuesta nada y vale mucho.
- Enriquece al que la recibe sin empobrecer al que la da.
- Es breve como un relámpago, pero a veces se queda para siempre en la memoria.
- Nadie es tan rico que pueda prescindir de ella, ni tan pobre que no pueda obsequiarla.
- Contribuye a la felicidad del hogar, atrae la buena fe en los negocios y es el símbolo de la amistad.
- Fortalece al fatigado, anima al descorazonado, alegra al triste y es el mejor remedio contra el enojo.
- No se puede comprar ni pedir como limosna, no es posible prestarla ni robarla, pues vale únicamente cuando se la regala.
- Y nadie la necesita con más desesperación que aquel a quien ya no le quedan más para regalar.

Así que, con tantas ventajas y razones para reír, cultiva un estilo de vida lleno de risas y sonrisas. Puede parecer difícil al comienzo, pero inténtalo por un tiempo y el hábito se formará dentro de ti. ¡Comienza hoy y échate a reír!

9

Preparados para Cualquier Ocasión

"Elegir la abundancia como una meta requiere que enfrentemos todo acerca del dinero con valentía, honestidad y coraje, lo que es muy difícil para nosotros. Pero se puede hacer."
Suze Orman, consejera financiera y conferencista internacional.

Cómo convertirse en rico

"¿Te gustaría ser rico o adinerado?" Esa es la pregunta que me hizo mi mentor un día de primavera hace algunos años. Pensé por un par de segundos y le respondí: "En realidad no me importa mucho, ya que es lo mismo, ¿verdad?"

Y él dijo: "Oh, no… ¡No es lo mismo!"

Entonces me dijo algo que nunca olvidaré: "Josué, las personas que son ricas tienden a enriquecerse de alguna influencia externa.

Piensa en aquellos que ganan la lotería. Son ricos porque tuvieron mucha suerte. Muchísimas personas juegan a la lotería y nunca acertarán por lo que nunca podrán ser ricos.

Aun así, perder no les impide seguir intentándolo, ya que para ellos suena como dinero fácil. Pero en realidad son sólo soñadores. Están tirando su dinero por el desagüe, porque para ellos es más fácil gastar unos pocos dólares en una quimera que hacer realidad un proyecto que pueda cambiarles la vida.

Lo mismo se aplica a las personas que son ricas porque heredaron dinero. Digamos que se ganaron la mejor lotería, aquella reservada para los de su propia sangre, una especie de lotería genética."

"Sí, pero hay un montón de gente rica que no recibieron dinero jugando a la lotería, ya sea genética o tradicional," le dije. "¿Qué pasa con la gente que hizo sus riquezas en la bolsa de valores o gracias a sus inversiones?"

Esto es lo que dijo mi mentor: "Josué, el mercado de valores es grandioso. Es más, yo mismo soy un inversionista. Es una gran manera de diversificar los activos. Pero aquí está la cosa: para ganar dinero en el mercado de valores o tienes que tener mucha suerte para elegir una acción que de pronto estalle y eleve su valor repentinamente, o bien tienes que esperar mucho tiempo para que tus inversiones realmente crezcan y se multipliquen."

"De hecho, si hubieras invertido sólo $ 2,250 dólares para comprar tan solo 100 acciones de McDonald's cuando se hizo público, hoy en día tendrías 7,2 millones de dólares. Pero el problema es que McDonald's hizo su oferta pública inicial hace casi 50 años. Quieres hacerte rico en 50 años o quieres llegar a ser adinerado en los próximos meses?"

Le dije: "Bueno, si lo pones de esa manera, creo que me quedo con ser adinerado en los próximos meses."

Mi mentor continuó: "¡Excelente! Aquí está la primera cosa que necesitas saber: Los ricos tienen dinero que gastan en cosas que quieren. Y muchos veces - no importa la cantidad de dinero que tengan - terminan gastándolo
todo."

"¿Cuántas veces has oído hablar de un ganador de lotería que se gastó todos sus millones de dólares en tan sólo un par de años? ¿O alguien que hereda una parva importante de dinero para luego malgastarla y quedarse con nada?"

"Por el contrario, una persona adinerada tiene activos produciendo dinero en efectivo. Y estos activos generan el dinero para pagar lo que ellos desean. Piénsalo de esta forma: mientras que la persona rica maneja una acumulación de dinero cada vez menor, la persona adinerada tiene activos que crecen y siguen generando efectivo."

"Josué, lo que te aconsejo que hagas es crear suficientes activos que te generen suficiente dinero en efectivo cada mes como para que tengas un buen sueldo, y para que además te permita invertir en más activos, para que éstos sigan generando aun más dinero en efectivo, y así sucesivamente, hasta que tengas una máquina virtual de generar dinero."

Esta conversación ocurrió hace ya varios años. Y este pequeño conjunto de consejos por parte de mi mentor ha valido su peso en oro con el correr de los años.

Pero surge la pregunta: ¿cómo lograrlo? ¿Cómo generar este tipo de riqueza? Me tomó muchos años darme cuenta. Pero finalmente lo hice. Y luego todo tuvo sentido cuando encontré lo que yo llamo el negocio perfecto.

Anatomía del Negocio Perfecto

El mejor y más corto camino para la generación de riqueza es a través de lo que yo llamo el negocio perfecto. Por supuesto que no hay tal cosa como un negocio perfecto que funcione con 100% de efectividad todos los días, pero me pasé mucho tiempo pensando, investigando e indagando acerca de los criterios de lo que considero se acerca al modelo de negocio perfecto. Creo que si sigues estos criterios estarás muy cerca de encontrar el negocio perfecto para ti. Aquí están las características que busco para "El Negocio Perfecto":

1) El negocio perfecto no está ligado a tu volumen de producción personal ni a tu rendimiento. Lo que realmente no necesitas es un negocio donde estés intercambiando tiempo por dinero. Los médicos y los abogados ganan mucho dinero, pero están sacrificando su tiempo. El negocio perfecto se puede hacer en un unos minutos al día o en un par de horas a la semana, dejándote al mismo tiempo con un montón de tiempo libre. Éste es el criterio número uno porque creo que es el más importante de todos. Si el negocio que estás considerando no cumple con este requisito, detente de inmediato y encuentra otro negocio.

2) El negocio perfecto ofrece un producto que no puede ser fácilmente adquirido localmente en el centro comercial, en el supermercado o en la farmacia de la esquina. Debe ser un tipo de producto único en su tipo.

3) El negocio perfecto requiere cero mano de obra, o bien todo el trabajo puede ser subcontratado fácilmente. No quiero tener que lidiar con empleados a los cuales se les paga por hora y evidentemente no quiero hacer el trabajo manual yo mismo.

4) El negocio perfecto tiene costos fijos muy bajos. Los costos

fijos son los gastos en los cuales uno incurre sin importar si vendes una unidad de tu producto o un millón. Los costos fijos son aquellos tales como alquiler de oficinas, espacio de almacenamiento, equipos, herramientas, etc.

5) El negocio perfecto tiene un flujo de efectivo constante sin tener que ocuparse de cuentas por cobrar, morosos, deudores, etc.

6) El negocio perfecto tiene un mercado global. No quiero limitarme a comerciar mis productos solo en mi área local, ciudad o estado, o incluso mi país. Quiero tener la oportunidad de comercializar en todo el mundo.

7) El negocio perfecto puede ser embalado en un equipaje de mano y trasladarse a otro lugar en cualquier momento y sin previo aviso. ¿Quieres llevar un poco de trabajo a tus vacaciones (y que éstas sean deducibles de impuestos)? No hay problema. Todo lo que necesitas es tu computadora y una conexión a Internet.

Ahora bien, esta sí que es una lista bastante ambicioso, ¿no? ¿Puede existir hoy en día un negocio con todas estas características? Sí que existe y a continuación te mostraré brevemente algunos de ellos.

10

Negocios para Nuevos Ricos

"El verdadero emprendedor es un hacedor, no un soñador."
Nolan Kay Bushnell, ingeniero y empresario norteamericano,
fundador de Atari, Inc.

En las próximas páginas analizaremos una variedad de negocios y oportunidades que los nuevos ricos están utilizando para generar ganancias residuales e ingresos pasivos.

Esta lista no es exhaustiva, ya que existen muchos otros negocios allí afuera, pero espero que puedas alcanzar a ver el gran panorama de oportunidades que nos rodea cada día.

Millonarios gracias a Amazon

Acabo de recibir un correo electrónico de un amigo que puso en práctica algo que aprendió hace muy pocos días, y dice lo siguiente:

"Contraté a un chico nuevo para que trabaje en mi oficina y básicamente le dije que siguiera los tutoriales provisto con entrenamiento sobre cómo vender cosas en Amazon.

Luego de ver los instructivos, y de acuerdo a las investigaciones que hizo, se le ocurrió vender platos para bebés con fondos de ventosa.

Todos sabemos que cuando un bebé se enoja y golpea el plato lleno de comida todo sale volando por los aires. Pero con este nuevo producto el plato no se mueve y la comida permanece intacta.

Tanto mamá como papá están felices y el bebé, bueno, tal vez se enoje más, pero ya no podrá desparramar su comida.

Pedimos un conjunto de 500 platos individuales a la empresa que los fabrica en China.

¡Adivina qué pasó! Hemos vendido más de $10.500 dólares de estos platos en los primeros 30 días. Podríamos haber vendido más platos por valor de $ 25.000 dólares, ¡pero se nos acabó el inventario!

Vamos a tener que conformarnos con sólo $ 15.000 dólares en ventas para este mes."

Recibo emails como éstos todos los días, contando historias de cómo personas comunes y corrientes venden productos físicos desde sus hogares.

Veamos cómo se hace.

Amazon es hoy en día el sitio web más grande de comercio electrónico al por menor. Cuando la mayoría de la gente compra algo en esa tienda, piensa que es Amazon quien lo vende. La realidad es que más del 33% de todos los artículos a la venta son comercializados por terceras personas.

Muchos de estos comerciantes utilizan el programa FBA (Fulfillment By Amazon) que brinda esa tienda. Este es un programa mediante el cual puedes enviar toda tu mercadería a Amazon y cuando la vendas, Amazon no solo depositará tus ganancias en tu cuenta, sino que se encargará de despachar y enviar la mercadería por ti. Amazon también se encarga de la atención al cliente, el embalaje, las devoluciones y los reembolsos.

Imagínate el poder vender objetos físicos sin tener que ponerlos en cajas y enviar 20 o 30 paquetes al día. Este servicio permite que tengas más tiempo libre para realizar tareas de alto valor, tales como la investigación de nuevos productos, estudio de nichos de mercado y abastecimiento.

Si todavía no alcanzas a ver la magnitud de este tipo de negocio, déjame decirte que hay gente que vende de todo, incluyendo juguetes, electrónica, juegos de mesa, platería, libros, palos de golf, máquinas de coser, objetos antiguos, DVDs (especialmente aquellas ediciones especiales de programas de televisión) y mucho más.

Para ilustrar la variedad de artículos que puedes vender, mira lo que escribió un amigo en su sitio web:

"Por lo general, cuando se piensa en artículos de consumo diario se piensa en cosas como pasta dental, papel higiénico, crema de afeitar, etc. Pero hay otro tipo de artículos de consumo diario que se venden muy bien en Amazon. Piensa en insumos de oficina. Hace poco estaba en Goodwill (tienda estadounidense) y vi una cesta llena de cartuchos nuevos para alguna impresora marca Canon.

Los estaban liquidando a 99 centavos de dólar cada uno. Hice una búsqueda rápida en mi teléfono celular y vi que esos mismos cartuchos se estaban vendiendo nuevos a $ 29 dólares en Amazon. Así que agarré todos y los compré. Esa misma tarde los cargué a mi cuenta de Amazon. Empecé en $ 25.00 y vendí uno.

A los pocos días ya no vendí más, así que bajé el precio a $ 10 dólares cada uno. ¡Y se comenzaron a vender rápido! Al día siguiente en que bajé el precio vendí 28 cartuchos. Así que les subí el precio a $ 14.99 y el resto se vendió al día siguiente. Hice una gran diferencia en tan sólo 3 días, y no tuve que invertir mucho dinero.

En otra ocasión, y estando en la misma tienda, compré un juego de mesa llamado "Rich Man, Poor Man" (Hombre Rico, Hombre Pobre) por $ 9.99. Era nuevo y todavía tenía el plástico de embalar. Cuando investigué en Amazon, vi que había dos versiones: una que tenía un CD de audio que explica el concepto de Padre Rico, Padre Pobre, y el otro que no tenía el CD. Al inspeccionar la caja no estaba claro si el que yo había comprado era la versión con CD o no, así que rompí el plástico para inspeccionar el contenido. No tenía el CD.

Hice el listado de este producto en Amazon como nuevo, y en la descripción puse una nota que decía: "A estrenar, nunca se ha jugado, todas las piezas intactas. Se abrió el plástico de embalaje para inspeccionar el contenido."

Se vendió en menos de un día, así que el hecho de que lo abrí parece no importar. Lo vendí por $ 69.00 dólares, así que me gané una bonita comisión :)."

Los artículos de consumo diario son una buena oportunidad debido a la política de envíos gratis de Amazon de $25 dólares.

Supongamos que una persona compra un libro a $16 dólares. Te puedo garantizar que buscarán otro artículo que cueste exactamente $9,00 a fin de calificar para el envío gratis. Muchas veces van a buscar algo que ellos saben que necesitarán en el futuro. Y es allí donde entran en juego los artículos de consumo diario.

Empezar es tan sencillo como abrir una cuenta gratis en FBA. Puedes hacerlo visitando la siguiente página:

http://services.amazon.com/content/fulfillment-by-amazon.htm

Allí encontrarás más información y detalles de cómo funciona el proceso, como así también historias de éxito, recursos, instructivos y mucho más.

Hay varios tutoriales y cursos en el Internet, tanto para principiantes como avanzados, que te enseñan cómo montar este tipo de negocios. Simplemente busca por cursos o tutoriales sobre "Fulfillment By Amazon" en tu buscador favorito.

Los principiantes pueden empezar a vender algunos artículos encontrados en tiendas de dólar, subastas y sitios web de ofertas diarias y cupones de descuento.

Los avanzados y la mayoría de los nuevos ricos, luego de hacer un análisis de mercado para determinar qué es lo que la gente está comprando, adquieren productos en tiendas chinas como Alibaba o AliExpress y los envían directamente a los depósitos de Amazon. Una vez allí cargan la información de estos productos en sus cuentas, los cuales aparecen como disponibles en unas horas, y las ventas empiezan a generarse, como así también las ganancias.

Coaching virtual

Como todos sabemos, Internet se ha convertido en una de las herramientas más poderosas para compartir información mediante el uso de diferentes medios, ya sean blogs, redes sociales, correos electrónicos o revistas académicas en línea. Hay expertos, y no tan expertos, con conocimientos sobre cualquier tema, que, usando Internet como una herramienta, educan, enseñan y aumentan el alcance de su negocio. Espero que a estas alturas ya te hayas dado cuenta, pero déjame decirte que tú también eres un experto en el área en la cual te desarrollas.

Bien en el fondo, cada uno de nosotros tiene un deseo de compartir lo que mejor sabemos hacer. Es posible que hayas aconsejado a tus amigos en algún momento o tal vez hayas escrito algún artículo para una revista local o algún blog en Internet, lo cierto es que una parte de ti quiere que otros sepan cómo lo haces. Algunos de tus familiares o amigos puede que incluso te hayan sugerido que consideres enseñar lo que bien sabes hacer. ¿Y por qué no? A continuación veremos cómo convertir la enseñanza y el aprendizaje en un negocio lucrativo.

El coaching virtual, o e-coaching, como se le conoce en inglés, puede ser utilizado para presentar tus ideas y conocimientos con personas de todo el mundo. La tecnología juega un papel muy importante, y este método incluye presentaciones de PowerPoint, mensajería instantánea, correos electrónicos, videoconferencias y el uso de CDs o DVDs que contienen material de estudio en formato de audio, vídeo y libros electrónicos.

Hay dos grandes cosas sobre el coaching virtual. En primer lugar, el medio es fácil de usar y crear. No es necesario escribir ni tampoco imprimir cientos de hojas de papel cuando todo tu conocimiento se puede guardar en un CD o disco duro y distribuir a través de Internet. En segundo lugar, todo se puede hacer desde la comodidad de tu casa en tu propio tiempo libre, ya sea si tienes un trabajo a tiempo completo o no. Si ya tienes un trabajo, entonces puedes considerar esta actividad como una fuente adicional de ingresos.

Ya vimos que la mayoría de las empresas hoy en día piensan globalmente y utilizan las diferentes economías de este mundo para sacar ventaja. Sus productos y servicios se ofrecen en el mercado mundial, así que ¿por qué deberías restringir la enseñanza de tus propios conocimientos a tu región geográfica o a tu país? Con el poder de Internet, ahora es posible llegar a un público mucho más amplio. Si piensas que el tema en el que eres experto no tiene muchos interesados, piénsalo otra vez, porque gracias al Internet, el mundo entero es tu audiencia.

Una de las mejores herramientas para el coaching virtual son los seminarios en línea, más comúnmente conocidos en inglés como webinars.

Lo que hace que sea una buena opción es que, primero que todo, es virtual, por lo tanto, te ahorra la molestia de la puesta en marcha, organización, reservas, presupuesto, etc. Lo único que necesitas es una computadora, una conexión a Internet de rápida velocidad, un micrófono y un software para realizar el webinar. Todos estos equipos son muy fáciles de obtener y de instalar dentro de tu casa.

Para realizar este tipo de conferencias, Skype es una opción. Servicios online especialmente diseñados para presentadores son Webex (webex.es), y GoToMeeting, los dos con pruebas gratuitas.

Personalmente recomiendo Webex, ya que he usado su versión gratis con éxito para mis presentaciones de negocio.

El costo del seminario virtual es prácticamente cero, por lo que ahorras tiempo y dinero que de otra manera malgastarías en viajar de un lugar a otro.

Otra ventaja es que una vez que creas el contenido de tu seminario, lo puedes volver a utilizar la próxima vez que lo necesites. Por supuesto, tal vez tengas que hacer algunos cambios y ajustes a medida que el tiempo avanza, pero la idea es que esa presentación esté trabajando para ti mientras tú no estás presente.

Antes de comenzar la planificación de tu seminario virtual, debes entender y luego decidir qué te gustaría enseñar o transmitir a los asistentes. Lo mejor es elegir un tema que realmente te guste y te apasione.

Ahora bien, la mayoría de nosotros tenemos la idea de que un experto es alguien que sabe todo acerca de un tema en particular porque posee un título universitario.

Si tú tienes alguna habilidad y experiencia en particular, ya puedes considerarte un experto. Puede que no tengas un título como chef u otro como jardinero, pero si has estado en cualquier rubro de dos a cinco años, ya puedes enseñar fácilmente a otros cómo hacerlo. Siempre recuerda que no necesitas saber todo, con tal que sepas el 5% de lo que el 95% de la gente no sabe, considérate un experto.

Acerca de la planeación de tu presentación, podría decir muchas cosas, pero no es el enfoque de este libro. Lo único que mencionaré es que el contenido debe incluir una secuencia lógica de puntos relevantes, debes conocer tu audiencia, sus problemas, sus necesidades y compartir recursos útiles. Valora la atención de los asistentes haciendo preguntas y rompiendo el hielo.

Establece desde el principio el propósito de tu presentación y menciona qué aprenderán los asistentes durante el curso de la misma. Muestra el valor de tu presentación y genera en la conciencia de los posibles asistentes que el perderse esa presentación puede tener un impacto negativo para sus negocios.

Algunas personas invitan especialistas en el área en cuestión, agregando valor y contenido a sus presentaciones. Es una buena idea para generar amistades duraderas y negocios a largo plazo.

Una de las cosas que hacen los nuevos ricos con sus seminarios virtuales es que los reutilizan de diversas maneras. Por ejemplo, a un seminario virtual de 7 u 8 horas, lo venden como un paquete de 5 DVDs para todos sus clientes. Simplemente suben sus archivos a alguna compañía que haga la manufactura de los CDs y DVDs físicos para ellos. Algunas compañías que hacen este trabajo son Createspace (una empresa de Amazon.com) y CD-Fulfillment.com

Otra cosa que hacen los nuevos ricos son sitios web con contenido sólo para miembros, los cuales pagan entre 10 a 50 dólares por mes (dependiendo de la calidad del contenido) para acceder al mismo.

Otra manera de reutilizar el contenido compartido en un seminario virtual es hacer audio-libros y también libros electrónicos. En cuanto al primero se puede simplemente extraer el audio y comercializarlo, y para el e-book se puede transcribir el seminario, luego editarlo, crear una portada y venderlo como un libro digital en diferentes tiendas internacionales como el Kindle de Amazon, iBooks de Apple y Google Play Libros.

Los nuevos ricos aprovechan el formato en el que fue plasmado el conocimiento y lo reutilizan, transfiriéndolo a otros formatos que la gente consume. Saben que existen personas a las que les gusta leer, otras a las que les gusta escuchar, y otras a las que les gusta ver.

Diferentes tipos de personas aprenden de diferentes maneras, algunos aprenden leyendo, otros escuchando, y otros viendo videos. Al transformar el mismo contenido en diferentes formatos, se aseguran alcanzar al mayor número de personas posibles, y de esta manera generan aun más ganancias pasivas y residuales. Trabajan una vez, haciendo el seminario, y cobran durante toda su vida.

El negocio del deporte

En el año 2003, David Beckham, un futbolista profesional británico, fue transferido del Manchester United al Real Madrid por la suma récord de 30 millones de euros.

A pocos meses de la presentación oficial del nuevo jugador estrella en el club madrileño, se vendieron más de un millón de camisetas con el número que usaba Beckham, el 23. En ese entonces, cada camiseta tenía un valor de 78 euros, de los cuales 15 euros netos quedaban para el club.

Imagínate lo brillante de este negocio: con solamente la venta de camisetas recuperaron 15 de los 30 millones invertidos en el pase. Hoy en día las estrellas del deporte están remuneradas sobre la base de la creación de valor.

Otro negocio que puedes emprender es no solo la compra y venta de futbolistas, sino de deportistas en general y todo lo que tenga que ver con el deporte. Hay algunos sitio web que han sido creados para comprar y vender jugadores de fútbol: TransferMarkt.es y Jugaenprimera.com.

Existe otro dedicado a maneras de invertir en la carrera de un tenista: ExxiaSports.com

Otro de los deportes que más factura en el mundo, y uno de los pocos que permite jugar toda la vida, es el golf. Un buen producto o servicio relacionado con este deporte tiene altas probabilidades de ser consumido por aficionados y profesionales.

Comprar y vender sitios web

Hoy en día puedes encontrar tesoros escondidos al adquirir sitios web, mejorándolos para aumentar su valor y luego venderlos para conseguir interesantes retornos de tu inversión.

Personalmente he hecho esto y he ganado miles de dólares en el proceso. Como todo negocio, tiene su curva de aprendizaje, pero no es muy difícil. Si te decides a comprar algún sitio web, primero que todo considera estas preguntas:

1) ¿Eres bueno cuando se trata de la optimización para buscadores (SEO en inglés, por Search Engine Optimization), pero muy malo para el diseño web? Entonces te recomiendo encontrar un sitio web muy bien diseñado que esté recibiendo muy poco tráfico y que no tenga ingresos. Este tipo de sitios pueden ser adquiridos a muy bajo costo. Lo único que tendrás que hacer luego es poner en práctica tus habilidades de SEO, empezar a recibir tráfico al sitio, monetizarlo y luego venderlo para recibir un rápido beneficio.

2) ¿Eres bueno para poner a prueba diferentes resultados y para ejecutar estrategias de monetización? Busca entonces un sitio web con tráfico sólido y consistente pero con pocos ingresos o beneficios perdurables. Pon en práctica tus fortalezas, consigue que sea rentable y luego decide si lo conservas para obtener un ingreso residual pasivo o si lo vendes para recibir un rápido beneficio.

3) ¿Eres excelente cuando se trata de diseñar? Entonces encuentra un sitio que esté generando pocos ingresos y que reciba tráfico proveniente de algunas palabras clave muy concretas. Estos sitios son generalmente diamantes en bruto, pero debido a su mal diseño espantan a propietarios potenciales. Aplica tus conocimientos y habilidades de diseño para darle un buen cambio de imagen y luego decide si conservarlo o venderlo.

4) ¿Eres un creador de productos? Busca un sitio que esté medianamente ubicado en torno a temáticas de alguna palabra clave específica y que esté logrando una pequeña cantidad de ingresos de AdSense. Si existe un buen producto dirigido a este público, este sitio debe ganar mucho más que mostrando AdSense. Aumenta los ingresos, mejora la proporción de conversión y luego véndelo para obtener muchas veces más de lo que pagaste.

5) ¿Eres un inversor con acceso a un equipo que puede realizar todas las tareas mencionadas anteriormente? Si es así, entonces encuentra sitios con ingresos sólidos y consistentes, lo único que tienes que hacer es llevar esos sitios web hasta su máximo potencial. Véndelos a otros inversores. Haz millones.

Consejos para comprar y vender sitios web

Como lo mencioné anteriormente, uno de los sitios más conocidos que se dedica a la compra y venta de sitios web, como así también negocios virtuales, es Flippa.com.

Flippa es un mercado para comprar y vender sitios web, nombres de dominio y recientemente, aplicaciones de iOS, con sede en Melbourne, Australia, y San Francisco, Estados Unidos. Flippa fue fundada por Mark Harbottle y Matt Mickiewicz como SitePoint Marketplace, pero luego decidieron hacer un sitio web independiente en junio del año 2009. Hasta el año 2015 ha recibido transacciones por más de $130 millones de dólares en sitios web, dominios y aplicaciones móviles.

La mayor parte de los ingresos de Flippa proviene de la venta de sitios web, mientras que las ventas de nombres de dominio contribuyen a alrededor del 5% de las ofertas. La venta más cara hasta la fecha fue planetrx.com, que se vendió por $1.2 millones de dólares y el nombre de dominio más caro fue StockPhoto.com, vendido al precio de $ 250,000 dólares. Otros sitios notables y dominios vendidos a través de Flippa incluyen uno de los primeros sitios web de Mark Zuckerberg, Facemash, éxito de la noche a la mañana, ShipYourEnemiesGlitter.com y Retweet.com.

En el año 2012, y durante las elecciones presidenciales de Estados Unidos, el nombre de dominio RomneyRyan.com comenzó a cotizar en Flippa, llegando a $ 8,050 dólares en las licitaciones, pero no vendió. El próximo año se cayó y fue vendido a través de GoDaddy por $235 dólares.

Hay muchos más ejemplos de sitios, dominios y apps que han sido compradas y vendidas. Yo mismo he comprado sitios web, los he mejorado, he aumentado sus rankings en los buscadores, me he quedado con algunos y luego he vendido otros. Todo desde la comodidad de mi hogar, o sentado en el sillón de mi cafetería preferida.

A continuación, algunos consejos para comprar en Flippa:

- Primero que todo tienes que llevar a cabo tu propia investigación sobre el sitio que deseas adquirir. Busca en Google el nombre de dominio y fíjate si hay comentarios o quejas sobre el sitio web, sus productos y/o servicios. Presta atención a cómo otros sitios están vinculados a él.

- Utiliza los servicios de Majestic SEO en MajesticSEO.com para comprobar el perfil de enlaces entrantes y salientes del sitio.

- Si el sitio incluye una gran cantidad de contenido, revisa si el mismo es original a través de Copyscape.com.

- Pídele al vendedor una prueba de Google Analytics. Es fácil decir que un sitio tiene mucho tráfico, pero como comprador debes pedir una prueba. La mejor opción es que el vendedor te brinde un nombre de usuario para que puedas verlo por ti mismo.

- Si la cantidad de dinero que vas a pagar es más que doscientos dólares, utiliza un servicio de depósito de garantía (escrow). Si un vendedor no ofrece garantía, entonces no te molestes en seguir con la compra. Generalmente hay una razón por la que no ofrecen garantía, y eso nunca es bueno para el comprador.

- Echa un vistazo a la historia del sitio usando el Archivo de Internet, en www.archieve.org. Con esta herramienta online podrás ver cómo se veía el sitio en el pasado, y si es verdad que el dominio tiene la edad que dice el vendedor.

- Verifica cómo se transferirá el sitio a tu cuenta de alojamiento. ¿Vas a obtener el sitio con el hosting incluido? Si no es así, ¿quién transferirá el sitio?

- Asegúrate de verificar de donde está viniendo el tráfico. Si la mayor parte de las visitas provienen de otros sitios web que el vendedor posee, ¿continuará ese tráfico luego de la compra del sitio? (¡Lo más probable es que no!)

- Revisa qué otros sitios web están alojados en el servidor del vendedor. Puedes hacerlo con el servicio gratuito de My-ip-neighbors.com

- Comprueba si el dominio infringe alguna marca. Utiliza uspto.gov para una comprobación inicial.

- ¿El modelo de negocio es legal? ¿Se infringen términos de servicio de otros sitios? Si suena demasiado bueno como para ser real, cuidado con eso.
- Si estás buscando comprar un sitio web que genera ingresos pasivos, entonces sólo debes mirar sitios que tienen un historial de ganancias comprobables.

Ahora algunos consejos para vender sitios web:

- Antes de listar tu sitio web, procura obtener algo de ganancias con él. Los sitios web rentables destacan y obtienen cientos o miles de visitas más que los sitios web que no tienen beneficios.
- Incluye un vídeo que muestre pruebas de tus ganancias (si corresponde). Esto aumentará la confianza en los compradores, porque los videos son difíciles de falsificar.
- Incluye un video tour de tu sitio web, destacando todas las características de tu sitio, tanto positivas como negativas, incluyendo ideas que tengas o proyectos que no pudiste completar.
- Instala el código provisto por Google Analytics en tu sitio web. Cuantos más datos tengas que mostrarle a los futuros compradores, mucho mejor.
- Verifica siempre que el sitio es de tu propiedad utilizando las herramientas brindadas por Flippa. Esto le dará a los posibles compradores la confianza de que realmente eres el propietario del sitio.
- Establece un precio razonable para la opción "Cómpralo ya." Estudia subastas pasadas para determinar por cuánto se venden los sitios web similares al tuyo.
- Responde a todos los comentarios. Incluso si ya respondiste esa pregunta antes o si está en la descripción

de tu listado. Los interesados deben saber que estás atento a la subasta.

- Siempre menciona por qué estas vendiendo. Esta es una de las preguntas principales de la mayoría de la gente.

- Utiliza siempre un servicio de depósito de garantía (escrow) para protegerte y aumentar la confianza del comprador.

- Utiliza mayúsculas en los nombres de dominio de tu anuncio. Esto ayuda a la gente a identificar los nombres de dominio de palabras clave como ComidasParaPerros.com.

- Enumera todo lo que se incluye en la venta. Si tu sitio web incluye una lista de correo electrónico, incluye todos los datos demográficos y los detalles acerca de la lista. También enumera todas las cuentas de redes sociales que se incluyen, imágenes, etc.

- Propone métodos de monetización que aún no has implementado. Nadie te va a culpar por no tener tiempo para hacer todo lo que quisiste hacer. Deja que el nuevo propietario sepa qué áreas podrían mejorarse.

- Sin embargo ... no pintes demasiado tu sitio! Este tipo de actitud ahuyenta a los participantes y te hace parecer desesperado. Evita frases como, "$$$$ ingresos potenciales por mes" y "la oportunidad de tu vida."

- No especules acerca de ingresos futuros.

- Asegúrate de listar todas las palabras clave por las que el sitio rankea en buscadores.

- Indica qué sistema de gestión de contenido utiliza tu sitio y explica por qué has elegido esa plataforma.

- Averigua todo lo que puedas acerca de los usuarios ofertando por tu sitio web. Revisa sus perfiles para ver si ya han comprado o vendido sitios antes y cualquier comentario que ellos u otros les han dejado.

- Muestra una lista de ingresos de los últimos 6 meses.
- Enumera todos los costos asociados con el funcionamiento de tu sitio: hosting, publicidad, tercerización, etc.
- Anota la cantidad de tiempo necesaria para actualizar y mantener el sitio.

11

Secretos de la Subcontratación

"Si te privas de subcontratar pero tus competidores no lo hacen, estás llevando tu negocio a la quiebra."
Lee Kuan Yew, (1923 – 2015), primer ministro de Singapur.

Muchos de los nuevos ricos de esta era no viven en sus países de origen. Conozco muchas personas de Estados Unidos, por ejemplo, que viven en países como Argentina y Brasil, y tienen empleados y asistentes virtuales en Rusia, India y Rumania. Cosas impresionantes y nunca antes pensadas ocurren cuando puedes ganar en dólares, vivir en pesos argentinos y compensar en rupias.

Transformarse en un nuevo rico no se trata de solo trabajar más eficientemente. Se trata de construir un sistema con el cual reemplazarte a ti mismo.

Un buen sistema le permite a cualquier dueño de negocio

consolidar su rentabilidad, eliminar las tareas ineficientes y poner la mejor versión de su negocio en piloto automático. De esta manera puedes ganar más dinero, pasar menos tiempo en la oficina (y más tiempo haciendo lo que te gusta) a la vez que todo funciona y crece con eficacia profesional.

Dos de las ventajas de contratar mano de obra en países con economías del tercer mundo son las siguientes: la gente trabaja mientras tú duermes, y el pago por hora que reciben es mucho menor. Esto te ahorrará tiempo y dinero en costos.

Y este es un problema que para muchos es una gran piedra de tropiezo, porque generalmente pensamos de la siguiente manera: "¿Si yo puedo hacer mejor este trabajo, por qué debería pagarles?" Pero siempre debes tener presente que la meta es liberar tu tiempo para que puedas enfocarte en proyectos más grandes y mejores oportunidades.

Piénsalo por un momento: si pasas tu tiempo, cuyo valor puede ser de aproximadamente $25 dólares la hora, haciendo el trabajo que cualquier asistente virtual puede hacer por menos de $10 dólares la hora, estás simple y llanamente haciendo un pobre uso de los recursos que tienes disponibles.

Es muy importante que en algún momento de tu vida tomes pequeños pasos con el fin de lograr que otras personas hagan el trabajo para ti. Sólo unos pocos lo hacen, por eso es que solamente pocas personas viven el estilo de vida de sus sueños. Encuentra rápidamente aquellas actividades que te ayudan a generar ingresos y delega todo lo demás.

Ahora bien, con esto de la tercerización muchos se han encontrado con un problema, y tiene que ver con las tareas ineficientes. Por eso, antes de delegar, tienes que saber los pros y los contras de la tarea en cuestión. Debes conocerla de arriba abajo.

Así que antes de delegar, elimina. Es decir, nunca automatices una tarea que más bien puede ser eliminada, y nunca delegues algo que puede ser fácilmente automatizado. De lo contrario desperdiciarás el tiempo de alguien más en lugar del tuyo, lo cual malgastará también tus ansiados ingresos.

Solo porque alguna tarea ha tomado mucho trabajo o ha consumido mucho tiempo no la hace productiva o digna de tener en cuenta. Una de las actitudes que considero fundamentales para tener éxito en esta área es estar dispuesto a abandonar proyectos que no tienen futuro y que no ayudan a la visión y misión antes establecida.

Muchas veces nos encontramos con problemas, situaciones y tareas que requieren una decisión de nuestra parte. En la mayoría de estas circunstancias la solución parece bastante obvia y simple. No es que no sabes qué hacer, sí que lo sabes, pero tienes miedo a terminar peor de lo que estabas antes de tomar esa decisión.

Como dijo Ingvar Kamprad, el fundador de la tienda más grande de amoblamientos en el mundo, más conocida como IKEA: "Sólo aquellos que están durmiendo no cometen errores."

Además, el riesgo más grande en la vida no es nunca equivocarse, sino sentir ese remordimiento y ese pesar de haberse perdido algo, lo cual generalmente dispara la pregunta "¿Qué hubiera pasado si...?"

Cada vez que enfrentes una situación límite, recuerda que la adversidad no edifica tu carácter, lo revela. Esto tiene que ver también con el dinero, ya que el solo hecho de tener más dinero no te cambia, sino que revela quién eres de verdad cuando ya no tienes que ser agradable.

El principio número uno es refinar todos los sistemas y los procesos antes de agregar gente. Emplear personas para apalancar un proceso muy bien refinado multiplicará la producción, pero utilizar personas como solución para un proceso pobremente pulido no hará otra cosa que multiplicar los problemas.

Bill Gates tenía muy en claro estos conceptos cuando dijo: "la primera regla de cualquier tecnología usada en los negocios es que la automatización aplicada a una tarea eficiente magnificará la eficiencia. La segunda regla es que si la automatización se aplica a una tarea ineficiente magnificará la ineficiencia."

Siempre recuerda que la métrica más importante no es el costo por hora, sino por tarea finalizada.

Recuerda también dar instrucciones claras y precisas de lo que necesitas y para cuándo lo necesitas. Si te consideras una persona eficiente pero no estás acostumbrado a emitir órdenes, deberás asumir que la mayoría de los problemas a la hora de ver los resultados serán culpa tuya. Por eso, nunca aceptes la primera persona que se presente para ayudarte. Establece qué tipo de persona necesitas para la tarea en cuestión. Nunca des directivas imprecisas o que se puedan malinterpretar. Cuando asignes tareas, incluye también un orden de importancia para cada una de ellas. Establece una fecha tope para la entrega del trabajo con una semana de anticipación.

Woodrow Wilson (1856 – 1924), ex presidente de los Estados Unidos de América, dijo lo siguiente: "No solo uso todo el cerebro que tengo, sino todo aquel que puedo pedir prestado."

Consejos prácticos para contratar personas

Como este no es un libro acerca de recursos humanos, simplemente mencionaré algunas cosas que me han ayudado a lo largo del camino. Por medio de la experiencia y el error, he encontrado algunos consejos que espero te sean de ayuda cuando busques subcontratar los procesos de tu sistema de negocio.

Recuerda que hay muchos tipos de personas en cualquier negocio: los clientes, los miembros del equipo, los socios y los mentores. Cada uno de ellos tiene un lugar en la compañía y en tu vida. Enfocándome en los miembros del equipo, aquellas personas que hacen las tareas que les hemos delegado, recuerda siempre que la mayoría de ellos, cuando no hacen la tarea encomendada de la mejor manera, sentirán que no tienen el poder para cambiar su realidad.

Solo algunas personas se enfocan en mejorar, desarrollarse y aprender de sus errores, pero la mayoría no lo hace. Solo unos cuantos poseen y desarrollan habilidades emocionales e inteligencia social. Tu tarea es encontrar ese tipo de personas y sumarlas a tu equipo de trabajo.

La pregunta equivocada que la mayoría de las personas se hacen a la hora de sumar gente a sus proyectos es "¿Dónde o cómo puedo conseguir que se haga esta tarea de la manera más barata posible?"

Es una pregunta mal hecha, porque la solución más económica será con toda seguridad la más lenta, ineficiente y la peor elección. Te darás cuenta, tarde o temprano, que el dicho que dice "obtienes lo que has pagado" es muy cierto. Dijimos anteriormente que tu tiempo tiene mucho valor, así que cuando lo derrochas al tener que revisar constantemente el trabajo de otros o aun hacerlo tú desde cero, los costos serán mucho mayores de lo que habías planeado al principio.

Mucha gente ve el tema de delegar tareas justamente como eso, una tarea que necesita hacerse bien, no importa quién la haga. Pero a mi me gusta pensar de otra manera. Cuando se trata de subcontratar, pienso que debería ser acerca de desarrollar relaciones a largo plazo con gente experta en su área.

Una mejor manera de hacer la pregunta anterior sería: "¿Cómo puedo conocer a una persona con talento que pueda (tarea aquí) cada vez que lo necesite para aprovechar oportunidades a medida que se presenten y asegurarme un trabajo de máxima calidad?"

Cuando piensas de esta manera estarás construyendo un equipo de profesionales independientes altamente motivado para tu próximo proyecto.

Por eso, cuando contrates a alguna persona, contrata lo que Eben Pagan llama en sus cursos una "estrella". Eben Pagan, nacido en Brooklyn, Nueva York, es un empresario norteamericano, autor y orador, más conocido por sus enseñanzas para hombres (bajo el nombre artístico de David DeAngelo), así como también por sus cursos de gestión empresarial, crecimiento y desarrollo personal para comerciantes de Internet.

Eben menciona que una persona "estrella" se destaca ampliamente de las demás por ser alguien que toma responsabilidad personal por sus acciones. Este tipo de personas tienen aspiraciones personales que pueden llegar a crecer dentro de tu empresa, logrando así una conexión especial con su trabajo. Les gusta crear y contribuir con otros. Se sienten bien con ellos mismos porque son auténticos. Son optimistas y viven su vida haciendo amigos, pensando que el mundo está lleno de oportunidades y abundancia para todos.

Siempre es recomendable tener cerca este tipo de personas, las cuales son excelentes en un área de trabajo, que tener una persona que hace 10 tareas bien pero que no se destaca en ninguna de ellas.

Bill Gates dijo en una ocasión: "Si eliminaras nuestras 20 mejores personas, yo te diría que Microsoft se convertiría en una empresa sin importancia."

Por eso, cuando reclutes personas para formar parte de tu equipo, no mires cuánto te costará por hora, sino qué impacto lograrán en tus proyectos.

Un error que puede costarte muy caro es emplear personas simplemente porque crees que son como tú, porque te caen bien o porque deseas ayudarlos. Warren Buffet dice: "Yo siempre trabajo con personas a las cuales admiro y en las cuales confío."

Recuerda siempre emplear ayuda de personas "estrella" y no personas comunes. Los "estrella" son muy diferentes a los empleados comunes, pues siempre amplifican y multiplican su poder si están con otros "estrella." Si deseas más información sobre cómo encontrar este tipo de empleados, te recomiendo el libro "Topgrading (How To Hire, Coach and Keep A Players)", de Bradford D. Smart.

Dónde encontrar talento

Hay varios sitios creados especialmente para reunir a empleados y trabajadores con contratistas. Enumero unos cuantos:

oDesk.com - oDesk es una plataforma de trabajo global en línea donde las empresas y profesionales independientes pueden conectarse y colaborar de forma remota. Con sede en Mountain View y San Francisco, California, oDesk fue fundada en el año 2003.

Personalmente uso los servicios de esta empresa y son muy útiles. Con más de quinientas mil empresas que se han decidido por oDesk, está claro que este es uno de los sitios web de "outsourcing" más populares en la actualidad. Cada trabajador independiente cuenta con un perfil donde muestra sus habilidades y su portfolio, por lo que a la hora de elegir alguno el proceso es más sencillo.

Parte de su popularidad se debe a su visión integral de cada etapa en cuanto a la realización de un proyecto. Si no estás seguro de la eficacia de algún trabajador independiente, siempre puedes mirar las imágenes en tu panel de control que muestran en qué ha estado trabajando y cómo lo ha hecho. Un registro diario y detallado es otra de las características interesante de oDesk, pues te permite revisar cómo tu equipo ha gestionado el tiempo, con el fin de asegurarte de que no estén derrochándolo en detalles de menor importancia.

Si necesitas un medio seguro y confiable para tercerizar el trabajo, entonces oDesk es una opción muy recomendada y segura.

Elance.com – Este sitio cuenta con una impresionante lista de diseñadores, escritores y programadores que están a la espera de oportunidades para hacer realidad tu proyecto. Es simple de usar y gratuito.

Fiverr.com – Otro de mis preferidos, especialmente para proyectos a corto plazo. Fiverr se ha convertido rápidamente en uno de los sitios web de más rápido crecimiento en Internet cuando se trata de tercerización, y por una buena razón. Como su nombre lo indica, Fiverr se centra alrededor de proyectos completos vendidos por tan solo cinco dólares.

A diferencia de otros sitios relacionados, Fiverr no requiere publiques tu proyecto primero.

Este sitio le permite a los usuarios presentar sus propias calificaciones y propuestas, así como la fijación de precios. Entonces, si estás interesado en algún servicio ofrecido (que va desde creción de logos, edición de videos y posicionamiento en buscadores) puedes ponerte en contacto con ellos y luego darle los detalles de tu proyecto.

Esto es útil porque si necesitas alguna tarea rápida y concreta, en este sitio encontrarás muchas alternativas. Cuando el proyecto que tienes en mente es relativamente pequeño y simple, vale la pena ir a Fiverr en lugar de algunos de los sitios orientados a proyectos más grandes como Elance y oDesk.com.

Yo uso este sitio para conseguir artículos escritos porfesionalmente para mis sitios web, comunicados de prensa, logotipos, videos de promoción, traducciones rápidas, ilustraciones para libros, modificaciones en diseño y tareas de programación sencillas y concretas.

Te dejo algunas recomendaciones para usar Fiverr:

1. En el campo de búsqueda, escribe lo que necesitas. Luego filtra los resultados por el rating que tenga cada trabajador independiente.

2. Nunca contrates a alguien sin ver una primero una muestra de su trabajo y revisar los comentarios de otros usuarios.

3. Contacta con 2 o 3 proveedores que orfrecen el mismo servicio y luego decídete por uno. Comprueba la rapidez y la

gramática en sus respuestas.

4. Mira las críticas positivas y las negativas. Si tienes algunas negativas, no deberían ser más del 5% del total.

5. Las 4 cosas que me gustan más al mirar los "gigs" (perfiles del trabajador) son

- No muchos pedidos en espera (esto se puede ver debajo del botón de compra)
- Fechas de entrega breves (1-3 días como máximo para la mayoría de los trabajos)
- Muy buena opinión de los usuarios
- Ranking de 2 o más en Fiverr

TrabajoFreelance.com.ar – Este sitio web es también muy recomendable. Publicas tu proyecto y en pocos minutos recibes propuestas y cotizaciones de diferentes expertos de todo el mundo hispano.

En la actualidad cuenta con más de 180.000 usuarios registrados, con más de 40.000 proyectos publicados y más de medio millón de propuestas recibidas.

Lo he utilizado para encontrar escritores y editores para mis libros, como así también otros proyectos de trabajo. Una vez que encuentras el mejor candidato, lo contratas e inmediatamente ves sus datos de contacto para empezar el proyecto. Recién finalizado el mismo le pagas a la persona que realizó el trabajo y la retribución monetaria puede hacerse vía Paypal, Payoneer y otras tarjetas de crédito.

Cómo abrir una cuenta de banco internacional sin costo

Cuando le comento a las personas sobre esta oportunidad, la de contratar el talento y las habilidades de personas que están tan lejos geográficamente, siempre escucho la misma interrogante: ¿Pero cómo recibes el dinero? ¿Cómo les pagas?

La buena noticia es que hoy en día existe la manera en que tú puedes tener una cuenta de banco internacional que te permita recibir y hacer pagos en divisas extranjeras. En esta economía global siempre es bueno invertir en monedas fuertes tales como el dólar y el euro.

Para los que vivimos en países que sufren de ciclos económicos de muy corta duración, se aplica lo que dijo Mariano Otálora, licenciado en Administración de Empresas y especialista en Finanzas Personales, autor del libro "Del colchón a la Inversión", cuando escribió: "el dólar es más que una divisa, representa nuestro seguro de mala praxis frente a decisiones de política económica desacertada".

Pasemos entonces a ver en detalle cómo obtener una cuenta de banco gratis en los Estados Unidos, como así también una tarjeta de crédito y débito recargable, con la cual recibir pagos de empresas reconocidas mundialmente tales como Google, Amazon, PayPal, Apple, etc., realizar pagos a la gente que trabaja para nosotros y utilizar esta tarjeta en cualquier lugar del mundo donde nos encontremos, pudiendo extraer el dinero desde cualquier cajero automático en dólares o en la moneda del país donde estemos.

La compañía que puede darte todos estos beneficios se llama Payoneer, y es una empresa de servicios financieros que ofrece transferencias de dinero en línea y servicios de pago para el comercio electrónico. Payoneer es un miembro registrado como proveedor de servicios de MasterCard en todo el mundo. La compañía tiene su sede en la ciudad de Nueva York con oficinas en Tel Aviv, Israel.

Payoneer ofrece transferencias internacionales de dinero, pagos en línea y un servicio de tarjetas de débito recargables para empresas y profesionales. Los titulares de cuentas tienen la opción de recibir fondos en su cuenta bancaria local, usando un monedero electrónico, o también a través de una tarjeta de débito recargable, que se emite por medio de MasterCard, y que se puede utilizar en todos los cajeros automáticos o en el punto mismo de compra. Hasta la fecha (2015), Payoneer está disponible en más de 100 divisas y en 200 países.

A continuación te dejo un enlace especial, mediante el cual Payoneer te depositará un premio de $25 dólares cuando recibas tus primeros $100 en forma de pago de alguna empresa para la cual trabajes.

http://share.payoneer-affiliates.com/a/clk/54Csc

Te recuerdo que además de la tarjeta MasterCard que envían gratis a tu domicilio en cualquiera de los países donde trabajan, Payoneer abre una cuenta de banco en el Bank Of America a tu nombre, brindándote un número de cuenta y un "routing number", los cuales puedes usar a la hora de recibir pagos de compañías internacionales.

Cómo crear sistemas rápidamente

Un reciente estudio hecho por la compañía Forrester a empresas que tercerizaban sus servicios arrojó lo siguiente: el 53% reportó que tenían grandes desafíos porque sus compañías no tenían habilidades de gestión. El 58% dijo que no poseían procesos eficientes para especificar el trabajo. El 48% de las compañías investigadas dijeron que no tenían las métricas correctas para medir su performance.

Para contrarrestar esto deberías trabajar de dos maneras en cualquiera de tu negocio: con sistemas y proyectos. Si existe alguna actividad recurrente que es hecha más de una vez al día entonces deberías crear un sistema.

Si la tarea es temporal, orientada a objetivos concretos y tiene un principio y un final, entonces debería ser administrada como un proyecto.

Una de las mejores maneras de documentar la manera en que cualquier tarea debería hacerse es mediante el uso de mapas de proceso, también conocidos como organigramas en español. Este sistema ayuda no sólo a graficar las tareas y el lugar que cada una de ellas tiene dentro de la compañía, sino que también ayuda a ver las actividades importantes como las que se pueden eliminar, ayudándote a mejorar la productividad.

Edward Deming, el hombre responsable del desarrollo de Japón luego de la segunda guerra mundial, dijo: "si no puedes describir lo que estás haciendo como un proceso, entonces no sabes lo que haces."

Establecer mapas de proceso para cada una de las tareas en mi compañía me ha ayudado enormemente, y es muy fácil de hacer. Solo hay cuatro elementos que lo conforman.

El óvalo representa el comienzo y el final de una tarea. La flecha indica la dirección. El rombo indica una decisión y el rectángulo indica una actividad.

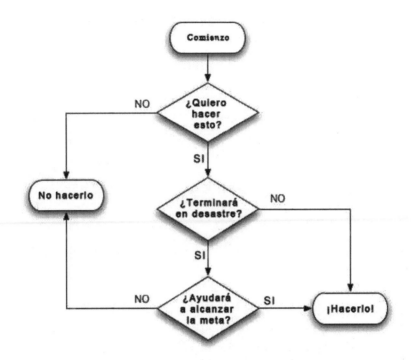

Una herramienta online que uso frecuentemente para crear, actualizar y modificar mis mapas de proceso es Gliffy.com.

Nunca alcanzarás un rendimiento óptimo dentro de tu organización si mantienes procesos imperfectos. Expertos en calidad han demostrado que el 94% de los errores en las compañías de hoy en día se deben a procesos defectuosos y no a problemas causados por el hombre.

Recuerda que las personas necesitan ser lideradas, y no simplemente dirigidas. En vez de preguntarles: "¿Qué hiciste hoy?", pregúntales "¿Qué has logrado hoy?". Hay una gran diferencia, y las respuestas que ellos te den te ayudará a evaluar su performance.

Ahora bien, uno de los sentimientos más comunes que experimentan tanto los jubilados como los multimillonarios es algo parecido a una depresión existencial. Por eso muchos de ellos se sienten vacíos y se ponen neuróticos por la misma razón: demasiado tiempo libre.

Y es que librarse de lo malo (horas de trabajo) no necesariamente significa que estás creando lo bueno (un estilo de vida soñado). El reducir trabajo y aumentar los ingresos nunca debería ser la meta final, sino que la meta debería ser vivir mejor y ser más.

Viktor E. Frankl, un sobreviviente del holocausto nazi y autor de "El hombre en busca de sentido" (Herder Editorial, 2004), dijo con respecto a esto: "lo que el hombre realmente necesita no es vivir sin tensiones, sino esforzarse y luchar por una meta que valga la pena, y algo que pueda elegir libremente."

A medida que vayas teniendo más y más tiempo libre, vendrá a tu mente la siguiente pregunta: "¿Qué puedo hacer con mi tiempo para disfrutar la vida y sentirme bien conmigo mismo?"

Por supuesto que la respuesta será muy personal y diferente para cada uno de nosotros, pero para la mayoría de los nuevos ricos la respuesta tiene que ver con dos actividades: aprendizaje continuo y servicio.

A muchas personas emprendedoras y creativas les cuesta conservar su trabajo, porque luego de un tiempo allí se encuentran haciendo lo mismo todos los días, viviendo una rutina que los cansa y produciendo en ellos un sentimiento cada vez más profundo de aburrimiento.

Los nuevos ricos tienen tiempo para explorar gustos y actividades que otras personas dejarían de lado y que nunca pensaron que podían hacer.

¿Qué soñabas ser de niño? ¿Es algo que todavía te gustaría hacer el día de hoy? Tal vez sea el momento de desempolvar esos sueños e ir por ellos con todo lo que tienes. Nunca es demasiado tarde ni tampoco imposible recapturar el entusiasmo de nuestra niñez. De hecho, es obligatorio si deseas vivir como los nuevos ricos de esta era.

12

Productividad al máximo nivel

"Si potenciamos la productividad, podemos mejorar el crecimiento económico."
Tony Abbott, primer ministro de Australia

Hace poco estuve escuchando a Tony Schwartz en una conferencia acerca de productividad. Tony Schwartz es el CEO y fundador de "The Energy Project" (El Proyecto Energía), que ayuda a las empresas a tener un alto y sostenible rendimiento para satisfacer mejor las necesidades de sus empleados.

El libro más reciente de Tony, "The Way We're Working Isn't Working: The Four Forgotten Needs That Energize Great Performance" (La forma en que estás trabajando no está funcionando: las cuatro necesidades que energizan un gran rendimiento), fue un bestseller del New York Times y el Wall

Street Journal. Su anterior libro, "The Power of Full
Engagement: Managing Energy Not Time" (El poder del
compromiso completo: Administrando la Energía y no el
Tiempo), en coautoría con Jim Loehr, pasó cuatro meses en la
lista de bestsellers del New York Times y ha sido traducido a 28
idiomas.

Tony sabe mucho acerca de cómo administrar la energía que
gastamos cada día con el fin de ser mucho más productivos ante
cada tarea que enfrentamos. Destaco algunos de sus consejos:

*La energía es la capacidad de hacer trabajo. Más energía significa más
capacidad. Si puedes entrenar tu energía y sistemáticamente aumentarla,
entonces producirás más en menos tiempo. Existen cuatro fuentes de energía:*

- *Energía física. Esto tiene que ver con la nutrición, la actividad
  física y el sueño (descanso y renovación) que obtengamos. Como
  seres humanos somos muy buenos gastando energía, pero no lo
  hacemos tan bien a la hora de recuperarla.*

- *Energía emocional. Para poder hacer las cosas bien necesitas estar
  en tu máximo potencial. Necesitas sentirte motivado,
  entusiasmado, fuerte, enfocado, inspirado y confiado. Cada vez que
  no te sientas de esta manera estarás trabajando a bajo rendimiento.*

- *Energía mental. Esto no tiene nada que ver con el coeficiente
  intelectual, sino que se trata de enfocar nuestra atención. La fuente
  más poderosa de energía es la capacidad de pensar y absorber.
  Nuestra atención está siendo atacada, por lo que hemos perdido la
  habilidad de enfocar nuestra atención.*

- *Propósito. El 95% de nuestras actividades son hechas
  automáticamente. Las hacemos por hábito. Esto es lo que yo llamo
  "rituales". Los rituales son comportamientos específicos que con el*

tiempo se convierten en actividades automáticas, y son hechos en un momento específico y en un tiempo preciso.

Es lo que la mayoría de los atletas hacen, y lo repiten tantas veces que lo hacen sin pensar. En este tipo de actividad ya ni piensas. Si deseas saber si alguna actividad se ha convertido en un ritual para ti, simplemente pregúntate lo siguiente: "¿Me siento atraído al hacerlo o tengo q pensar mucho cada vez que quiero hacerlo?"

En cuanto al punto número uno, en el cual vimos que el descanso y la renovación son parte de la energía física, me gustaría decir lo siguiente: Hay un problema con la mayoría de las organizaciones, y es que generalmente tratamos a los demás como si fueran simples máquinas productoras. Los seres humanos no estamos diseñados para trabajar de esa forma. Por eso cada vez que derrochamos mucha energía nos cansamos, y si estamos agotados, perdemos productividad.

Por esta razón es que el proceso de recuperación física es muy importante, y no es la cantidad sino la calidad de esa renovación lo que marcará la diferencia.

Analicemos ahora qué es lo que separa a los tenistas profesionales que están clasificados en los lugares más altos de la tabla de posiciones, de los que no lo están. En el momento entre un punto y el otro, todos estos tenistas hacen las mismas cuatro actividades sin darse cuenta, se están recuperando de la siguiente manera:

Se alejan de la red. Una vez que el punto se jugó, se acabó. Es como si pensaran "no invertiré mi energía donde no vale la pena." Simplemente se olvidan de lo que ya pasó, porque no lo pueden cambiar. Cualquier energía derrochada allí es un consumo de energía innecesario.

Cambian la raqueta desde la mano dominante hacia la más débil. ¿por qué? Para relajar los músculos.

Juegan con las cuerdas de la raqueta. No están pensando en el próximo punto. No quieren que el cerebro interfiera con su cuerpo. Por eso es que no miran a su alrededor, quieren estar 100% concentrados y enfocados.

Caminan con confianza. Saben que si lo hacen bien ganarán, pero si cometen un error, perderán. Por eso caminan con un aire de coraje: cabeza arriba, hombros atrás y confianza por delante. El cuerpo y la mente son uno solo. La manera en que sostienes tu cuerpo influencia profundamente cómo te sientes. Intenta sonreír y pensar al mismo tiempo qué desdichado eres por sentirte tan depresivo: ¡no puedes, porque tu cuerpo nunca te dejará hacerlo!

La recuperación y la renovación de tu cuerpo te llevará a la máxima productividad. Y si todavía no me crees, te pregunto: "¿Dónde fue que conseguiste tu más reciente idea?" Seguro fue cuando estabas relajado, tal vez tomando una ducha, distendido con amigos o acostado en algún lugar. Pero indudablemente fue cuando estabas relajando tu cuerpo.

Cuando administras eficientemente toda tu energía puedes lograr mucho más en menor tiempo, y con un nivel mayor de compromiso.

Hábitos que necesitas eliminar

Hay muchas listas de cosas para hacer, pero esta lista de hábitos de los cuales necesitamos deshacernos puede ayudarte para que te enfoques en lograr las cosas que realmente necesitas hacer con el fin de alcanzar una productividad óptima.

1. Nunca atiendas llamados de números de teléfono que no reconoces. Por lo general serán simplemente una interrupción más.
2. Nunca revises tus correos electrónicos apenas llegas a la oficina o justo antes de acostarte. Los emails pueden

esperar hasta las 10 de la mañana, cuando ya hayas hecho algo productivo.

3. Nunca aceptes asistir a reuniones que no tienen una agenda clara o que no posean horario de finalización.

4. No dejes que la gente divague. Si realmente quieres lograr tus objetivos, una parte importante es ir al grano con el tema en cuestión.

5. No estés constantemente revisando tu correo electrónico. En vez de ello, revísalos a todos en algún momento especifico del día.

6. No pases demasiado tiempo con clientes que aportan pocas ganancias. Realiza una revisión de tu base de clientes estableciendo cuál es el 20% de ellos que te generan el 80% de tus ganancias y cuál es el 20% que está consumiendo el 80% de tu tiempo. Enfócate en fortalecer tus pocas áreas fuertes en vez de intentar arreglar todas tus debilidades.

7. Cede a la tentación de trabajar de más para resolver las cosas. Prioriza las tareas importantes. Enfócate en terminar lo necesario y luego vete.

8. Descansa de tu celular al menos un par de horas por día. Apágalo o mejor aún, toma algún día entero sin tu dispositivo móvil.

Nunca esperes que el trabajo llene el vacío que solo pueden llenar las relaciones sociales. La felicidad compartida con verdaderas amistades es amor y felicidad multiplicada.

13

Cómo encontrar el negocio
perfecto para ti

*"Crear es un medio mucho mejor de expresión que la posesión, es a través de
la creación, y no la posesión, que la vida es revelada."*
Vida. D. Scudder (1861 – 1954), educadora y escritora estadounidense.

A la hora de empezar un negocio muchos no saben para dónde
ir. Y es que es una decisión extremadamente importante, porque
pasarás más tiempo trabajando dentro de tu propio negocio que
en cualquier otra actividad de tu vida. Esa decisión determinará
si terminas rico y libre financieramente o estresado y en
bancarrota.

Ya que el mejor uso de tu tiempo serán tus horas laborales,
ocúpate de pasar tu horario de trabajo haciendo una actividad

que realmente disfrutas, a la que encuentras desafiante pero que a la vez sabes que eres el mejor haciéndolo.

Si has decidido que quieres jugar este juego de la nueva riqueza, entonces tienes que salir a ganar. Y si sales a ganar tendrás que enfocarte mucho en tus fortalezas, donde tienes una clara ventaja frente a tus competidores. Ése es realmente el fundamento para comenzar una gran estrategia de negocio y para generar riqueza abundante.

Recuerda siempre que se trata de tu propia vida y el diseño que tú has elegido vivir, así que si eliges el negocio equivocado, te estás obligando a fallar tarde o temprano. Cuando eliges algún negocio basado solo en tus intereses en vez de elegirlo de acuerdo a tus fortalezas, te estás obligando a trabajar de más por menos dinero, porque estarás obligado a aprender y ganar al mismo tiempo.

Nunca elijas un negocio porque te parece una buena oportunidad. Tus intereses personales son solamente hobbies, pero tus fortalezas pueden convertirse primero en el propósito de tu vida, y luego en ventajas empresariales.

Pocas personas alcanzan la plenitud de su potencial debido a que operan como una de esas mangas de viento que se hallan generalmente en los aeropuertos: dejan que la rutina dicte sus vidas y se mueven en cualquier dirección según los caprichos de los demás y de las circunstancias que están viviendo.

Para crear una vida extraordinaria y experimentar el camino a la libertad que siguen los nuevos ricos, debes tomar conciencia de las fortalezas y limitaciones autoimpuestas, hacer una elección consciente cada día sobre qué hacer con estas fortalezas y limitaciones. Y por último mejorar, mantener, modificar, o eliminarlas.

Lao Tzu, un poeta y filósofo de la antigua China, dijo: "Conocer a los demás es inteligencia; conocerse a sí mismo es verdadera sabiduría. Dominar otros es fuerza; dominarse a sí mismo es verdadero poder."

Para descubrir el propósito de tu vida necesitas encontrar tres cosas:

1. Identifica los talentos naturales que Dios te ha regalado.
2. Identifica el mejor vehículo para compartir esos dones con el mundo.
3. Identifica a un público específico que se beneficiará con esos talentos.

Reconoce que cualquier cosa y todo lo que deseas puede ser tuyo, porque posees la libertad para crear el estilo de vida que deseas, y por consiguiente puedes cambiar tu destino.

La mayoría de las personas se rigen por las limitaciones autoimpuestas que ha establecido en sus mentes. Cuanto más puedas ensanchar estas limitaciones, más plena y completa será tu vida.

Si todavía no tienes un negocio, entonces te diré lo siguiente: sólo comienza un negocio donde el pilar básico del mismo sea alguna de tus fortalezas, o donde puedas hacerle frente a tu competencia con esa fuerza que te distingue y que te da una ventaja competitiva.

Básicamente, tus fortalezas son el resultado directo de los talentos naturales con los que naciste. Estos talentos han sido moldeados y fortalecidos mediante tus experiencias de vida, la educación y las habilidades que has desarrollado.

Para que puedas identificar claramente tus fortalezas, debes conocer tus talentos naturales, aquellos con los cuales has nacido.

La mayoría de las personas se concentran en sus debilidades, en lo que no saben hacer y en lo que hacen mal, lo que produce que nunca se den cuenta de sus fortalezas. Los nuevos ricos, en cambio, están siempre refinando sus fortalezas desde edad temprana y desatendiendo sus áreas débiles.

El propósito de que conozcas tus fortalezas es que pases tiempo en actividades que aprovechen tus fortalezas para que puedas sacar lo mejor de ellas.

La gran mayoría de las personas nunca se toman el tiempo para realmente encontrar su propósito en esta vida. Esto significa que simplemente se unirán a alguien más si les dan la oportunidad. Si puedes lograr que tu negocio se convierta en una causa que atraiga personas apasionadas que tomen ese propósito como suyo, lograrás un éxito impresionante, y eso no es algo que puedas comprar.

Convierte lo que estás haciendo en una causa, conviértelo en algo mucho mas grande que tú. Dale a los miembros de tu equipo algo de lo que puedan estar orgullosos y algo que puedan compartir con jactancia. Si lo haces así, no solo te sentirás mejor, te volverás rico también. Como seres humanos, nos sentimos naturalmente atraídos a aquellas personas que creemos están viviendo sus vidas al máximo. Queremos estar con ese tipo de personas que tocan nuestras almas, nos inspiran a movernos en la dirección correcta y están viviendo su propósito en esta vida.

Reinventar la rueda siempre será mucho más costoso. Así que conviértete en un astuto observador de lo que ya está funcionando y adáptalo. En mi caso siempre tengo un archivo de publicidades, sitios web y proyectos que me parecen interesantes y para los cuales veo que algo se puede mejorar.

Recuerda siempre que la gente busca comprar una solución para algún problema específico. ¿Cómo puedes entonces encontrar algún producto para vender o algún servicio que ofrecer? Te dejo algunas preguntas que pueden ser disparadores de grandes ideas:

1. ¿Cuáles son los problemas constantes que diariamente enfrentan las personas y para los cuales tú puedes tener una solución?
2. ¿Cómo has ayudado a otros recientemente a solucionar problemas relacionados con su economía, su salud, sus relaciones interpersonales o alguna otra área?
3. ¿Qué actividades son las que más disfrutas hacer?
4. ¿Cuál sería, según tu opinión, la mejor manera de solucionar el problema y hacerlo rápido?
5. ¿Cuáles son los temores, frustraciones, deseos, aspiraciones y experiencias más recurrentes en las personas que se convertirán en futuros clientes de tu negocio?
6. ¿Qué es lo que está buscando este tipo de gente y que no puede encontrar?

Responde estas preguntas por lo menos 10 veces y empieza a generar ideas tan rápido como te sea posible. Recuerda siempre que la gente no compra productos, sino soluciones para sus problemas. La mejor manera de entender sus problemas es establecer una relación con ellos. Esto te ayudará a descubrir de qué se trata su problema, crear una solución y luego ofrecérselas en un formato que estén dispuestos a adquirir.

Una forma de establecer relaciones con otras personas es tener una lista de correos electrónicos, utilizar las redes sociales y asistir a eventos relacionados con tu producto o servicio.

Aprovecha estas herramientas y eventos para encuestar de modo casual a tus futuros clientes y preguntarles por sus ideas, dudas, aspiraciones y frustraciones. Escucha con mucho cuidado todas sus respuestas. Tu éxito depende de qué tanto hayas identificado sus necesidades.

Una vez que hayas encontrado algún producto para vender o un servicio que ofrecer, entonces el siguiente paso es diseñar un negocio que tenga una estructura de auto-corrección y que pueda funcionar por sí mismo.

El principal objetivo no es crear un negocio lo más grande posible, sino crear un negocio que nos "moleste" lo menos posible. La arquitectura del mismo debe colocarnos fuera del flujo de información en lugar de hacerlo en la cima.

Aquí es donde debes ocuparte de subcontratar, y para ello hay dos principios que siempre permanecerán iguales:

1. Procura encontrar asistentes virtuales a través de una agencia o compañía que se dedique a ello. De esta forma, y si tienes que despedir a alguno por cualquier razón, puedes reemplazarlo sin interrumpir los procesos activos de tu negocio.

2. Asegúrate de que tus asistentes tengan la capacidad necesaria para comunicarse entre ellos con el fin de resolver problemas, y a medida que vas entrenándolos, dales permiso escrito para hacer aquellas transacciones comerciales que son menores sin consultarle primero. Puedes ir de un monto pequeño a uno más grande a medida que se prueben a sí mismos como eficientes y confiables en esta área.

A la hora de vender algún producto, los nuevos ricos saben minimizar las opciones que puede llegar a tener el comprador, de esta manera alivianan los costos de manufactura y disminuyen las horas del servicio al cliente.

Por esta razón ellos recomiendan ofrecer solamente dos opciones de tu producto o servicio (básico y premium) y no demasiadas. No ofrecen demasiadas opciones para el envío, sino que brindan una opción básica y otra con un envío rápido. Tampoco ofrecen envíos internacionales, y de esta forma se evitan dolores de cabeza por envíos que nunca llegan, impuestos, retrasos, paquetes extraviados, etc.

También, y dentro de lo posible, eliminan los pedidos telefónicos, dirigiendo a sus compradores a la venta online.

A continuación veremos algo muy importante que tiene que ver con la manera de afrontar las diferentes oportunidades que se nos presentan cada día.

Pensamiento Oportunista vs. Pensamiento Estratégico

Hay dos maneras de pensar diametralmente opuestas a la hora de escoger un negocio para emprender. Están los buscadores de oportunidades por un lado y los emprendedores que piensan estratégicamente en el otro.

El buscador de oportunidades está siempre buscando la gran oportunidad que le hará ganar muchísimo dinero en poco tiempo. Está pensando "¿puedo ganar dinero con esto?", así que un día será una oferta que no puede resistir, y mañana comprará otro producto que piensa es mejor.

La pregunta que todo el tiempo se hacen este tipo de personas es la siguiente: "¿Cuál es la manera más fácil de hacer dinero ahora mismo?"

Un verdadero emprendedor, por otro lado, tiene una visión clara de qué es lo que desea para su negocio. Analiza sus propias fortalezas, las de su competidor, las preferencias del mercado, y luego diseña un plan de acción para alcanzar los objetivos propuestos. El emprendedor sabe que la gran oportunidad está dentro de su negocio, y no lo que se anuncia como la gran oportunidad para ganar dinero fácilmente y más rápido allá afuera.

La pregunta que se hacen los emprendedores es la siguiente: "¿Cuáles son las mejores oportunidades para lograr mi visión?"

El simplemente saltar de oportunidad en oportunidad sin rumbo fijo claramente indica que no tienes una estrategia definida de antemano, y como no tienes una clara visión de lo que quieres lograr no puedes seguir un plan de acción detallado para lograrlo.

El oportunista siempre estará intentando encontrar esa técnica o secreto escondido que le falta para lograr lo que desea. El emprendedor, en cambio, sabe que no logrará nada al intentar agregar más tareas y actividades a su lista de cosas para hacer.

La diferencia entre aquel que constantemente busca oportunidades y el emprendedor estratégico es que al estar continuamente intentado encontrar nuevas oportunidades o nuevos nichos de mercado, estás derrochando energía que puedes usar más eficientemente. Necesitas primero descubrir en qué juego puedes sobresalir y luego jugar para ganar. Mira primero en tu interior, y luego mira a tu alrededor.

El valor de tu tiempo

Todo el tiempo que tenemos tiene un cierto valor, y la manera en que piensas acerca del tiempo afectará lo que pasa dentro y fuera de tu negocios por el resto de tu vida. Tienes que valorar mucho tu tiempo, de lo contrario nadie lo hará.

La mayoría de las personas no tienen idea de cuánto vale su tiempo, ni tampoco cómo incrementar ese valor. Si no sabes cuánto vale tu tiempo entonces no sabrás cómo tomar decisiones efectivas a la hora de las actividades que necesitas hacer tú y las que necesitas delegar.

Los nuevos ricos saben cuánto vale su hora productiva de trabajo. Saben que su tiempo no productivo es hablar con amigos, navegar en Internet, revisar y enviar correos electrónicos, atender el teléfono, estudiar, revisar estadísticas, organizar su escritorio, etc.

Leer un libro, aunque sea relacionado con el trabajo, y el cual contenga las ultimas tácticas para generar dinero, tampoco es tiempo productivo hasta que pones en práctica lo que has leído. Es importante diferenciarlo porque la mayoría de oportunistas confunden el aprender con el obtener.

Cualquier nuevo conocimiento no tiene valor alguno para tu negocio y para tu vida sino hasta que es implementado y puesto en práctica.

Por supuesto, no estoy diciendo que las actividades antes mencionadas no tienen que hacerse, son necesarias, pero lo que me gustaría resaltar es que muchas tareas que pensamos que son productivas en realidad no lo son. Son simplemente tareas de mantenimiento, porque lo tienes que hacer o porque tu negocio te lo pide, es parte de tu vida diaria.

El tiempo productivo tiene que ver con crear productos, mejorar tus servicios, administrar proyectos, conseguir nuevos contratos, etc. Los nuevos ricos tienen muy en claro cuáles son sus actividades productivas y crean un sistema alrededor de esas tareas.

Si te estás preguntando cómo puedes hacer para mejorar tu valor por hora de trabajo, la respuesta no estará en el próximo producto que están vendiendo por Internet o en el nuevo curso que dictan en la Universidad.

La respuesta es que tienes que crear un sistema dentro de tu negocio el cual funcione así estés presente o no. De esta forma seguirás generando ingresos mientras estás haciendo otras actividades para generar aun más ganancias.

Palabras Finales

Si aún continúas administrando tu vida financiera de acuerdo a las reglas con las que creciste desde pequeño, estarás limitando considerablemente tu potencial, haciendo que toda tu creatividad y tu inteligencia financiera sufran los resultados.

Como lo han demostrado factores económicos recientes, estas "viejas reglas" ya son obsoletas para la economía de hoy. Un conjunto de reglas nuevas y radicalmente diferentes ha tomado su lugar. Y hoy es el día perfecto para que las estudies y reclames tu lugar en esta nueva economía.

Para finalizar, comparto contigo las siguientes diez actitudes que me han ayudado diariamente en este nuevo camino:

1. La manera en que piensas es fundamental. Siempre se positivo, piensa en tus éxitos, no en tus fracasos. Evita los ambientes negativos.

2. Decide de acuerdo a tus objetivos. Tómate el tiempo para escribir tus metas y desarrollar un plan de acción para alcanzarlas.

3. Actúa en consecuencia. Las metas son solo sueños si no te propones hacer algo al respecto. Nunca tengas miedo de empezar, simplemente comienza.

4. Nunca dejes de aprender. Sigue leyendo libros que te edifiquen y te ayuden a lograr tus objetivos. Estudia, prepárate, entrénate y desarrolla tus habilidades.

5. Se persistente y trabaja duro. El camino al éxito es como una maratón, solo los que corren con paciencia y determinación alcanzan la meta. Nunca te des por vencido.

6. Se flexible y trabaja con inteligencia. Conoce tus activos. Utiliza la inteligencia de los demás para tu propio beneficio.

7. Enfoca tu tiempo y dinero en las tareas de alto rendimiento. No transpires haciendo el trabajo que puedes delegar fácilmente. No dejes que otras personas o actividades te distraigan.

8. Nunca tengas miedo de innovar y ser diferente. Seguir a los demás es el camino más fácil a la mediocridad.

9. Aprende a comunicarte efectivamente con los demás. Ninguna persona es una isla. Aprende a entender y motivar a la gente.

10. Se honesto y confiable. La persona honrada duerme y descansa en paz por las noches.

Estimado Lector

Nos interesa mucho sus comentarios y opiniones sobre esta obra. Por favor ayúdenos comentando sobre este libro. Puede hacerlo dejando una reseña en la tienda donde lo ha adquirido.

Puede también escribirnos por correo electrónico a la dirección info@editorialimagen.com

Si desea más libros como éste puedes visitar el sitio de **Editorialimagen.com** para ver los nuevos títulos disponibles y aprovechar los descuentos y precios especiales que publicamos cada semana.

Allí mismo puede contactarnos directamente si tiene dudas, preguntas o cualquier sugerencia. ¡Esperamos saber de usted!

Más libros de interés

Cómo multiplicar tu dinero y alcanzar la prosperidad - Descubre cómo se relaciona la gente con el dinero y supera las creencias limitadas que te impiden generar riqueza

Si no te puedes imaginar que sea posible ganar 10 veces más que tu ingreso actual, entonces ya te has puesto en tu cabeza un límite financiero. Si no puedes imaginarte que eres capaz de conseguir un ascenso, entonces ya has creado en tu cabeza un límite para tu carrera. Y podemos continuar. Con el tiempo has incorporado en tu mente una serie de límites y creencias.

Cómo Utilizar Las Palabras Para Vender - Descubre el poder de la persuasión aplicado a las ventas online (Serie Marketing)

¿Por qué tu competencia vende el triple si ofrece el mismo producto que tú ofreces, en las mismas condiciones y al mismo precio? ¡Tal Vez No Estés Utilizando Las Palabras Adecuadas!

La Ciencia de Hacerse Rico – Como atraer el éxito para ganar dinero

Este libro es un manual práctico, no un tratado sobre teorías. Está diseñado para el hombre y la mujer que tienen como mayor necesidad el dinero, que quieren hacerse ricos primero, y filosofar después. Cada hombre o mujer que haga esto se hará rico, porque la ciencia aquí aplicada es una ciencia exacta y su fracaso es imposible.

El Arte De Resolver Problemas - Cómo Prepararse Mentalmente Para Lidiar Con Los Obstáculos Cotidianos

Todos tenemos problemas, todos los días, desde una pinchadura de llanta, pasando por una computadora que no enciende a la mañana o las bajas calificaciones de un hijo en el colegio. Sin embargo, debe prestar atención a sus capacidades para ser cada vez más y más efectivo.

Cómo Hablar en Público Sin Temor - Estrategias prácticas para crear un discurso efectivo

Hablar en público, en especial delante de multitudes, generalmente se percibe como la experiencia más estresante que se pueda imaginar. Las estrategias de oratoria presentadas en este libro están diseñadas para ayudarte a transmitir cualquier idea y mensaje ya sea a una persona o a un grupo de gente.

Cómo influir en las personas

Aprende cómo ejercer una influencia dominante sobre los demás. Un manuscrito descubierto recientemente enseña técnicas de control mental novedosas, provenientes de un estadista oriental antiguo.

Si realmente apuntas a la grandeza, riqueza y éxito en todas las áreas de tu vida, DEBES aprender cómo utilizar la influencia dominante sobre otros.

Lean Manufacturing En Español - Cómo eliminar desperdicios e incrementar ganancias, Descubre cómo implementar el Método Toyota exitosamente

En este libro hallarás una gran variedad de consejos e historias reales de casos exitosos, incluyendo información reveladora y crucial que muchas empresas ya han puesto en práctica para agilizar sus procesos de producción y lograr la mejora continua.

Made in the USA
San Bernardino, CA
19 December 2016